W0054808

Egal ob im Radio oder im Fernsehen – Nachrichten-
sendungen informieren darüber, was in der Welt
los ist. Aber sie lassen auch so manche Frage offen.
Begriffe, Zusammenhänge, vieles wird nicht erklärt.
Wofür stehen zum Beispiel Abkürzungen wie DAX,
OPEC oder NATO? Was genau macht eigentlich
der Bundespräsident? Warum wird so häufig über
den Dalai Lama geredet? Und was sind erneuerbare
Energien? All das möchte auch der zwölfjährige Tim
wissen. Deshalb fragt er jemanden, der sich bestens
auskennt: Tom Buhrow, Moderator der ARD-TAGES-
THEMEN. Und der schafft es, mit seinen Antworten
Schwieriges und Kompliziertes verständlich zu
machen.

«Tim fragt Tom» beruht auf der gleichnamigen Serie
im Radioprogramm SWR 3 des Südwestrundfunks.
Dort begeistert sie kleine wie große Hörer gleicher-
maßen. 2008 wurde sie mit dem Herbert Quandt
Medien-Preis ausgezeichnet.

Tom Buhrow, geboren 1958, studierte Geschichte
und Politikwissenschaften. Er war lange Jahre Korrespondent in den ARD-Studios Washington und
Paris. Seit 2006 moderiert er erfolgreich die TAGES-
THEMEN. Gemeinsam mit seiner Frau Sabine Stamer
schrieb er den Bestseller «Mein Amerika – Dein
Amerika» (rororo 62223).

Tom Buhrow

Tim fragt **TOM**
Nachrichten leicht gemacht

Mit Illustrationen von Oliver Weiss

Rowohlt Taschenbuch Verlag

2. Auflage Januar 2009

Originalausgabe
Veröffentlicht im Rowohlt Taschenbuch Verlag,
Reinbek bei Hamburg, Dezember 2008
Copyright © 2008 by Rowohlt Verlag GmbH,
Reinbek bei Hamburg
Idee & Konzept: Regina Beck, Kai Karsten
Autoren: Michael Beck, Regina Beck, Tom Buhrow, Steffen Grützki,
Andreas Hain, Kai Karsten, Verena Schwald
Umschlaggestaltung ZERO Werbeagentur, München
(Abbildung: picture-alliance / ZB; Jürgen Gawron Illustration, München;
Hergen Schimpf)
Illustrationen im Innenteil: © 2008 by Oliver Weiss
Innentypografie Daniel Sauthoff
Gesamtherstellung CPI – Clausen & Bosse, Leck
Printed in Germany
ISBN 978 3 499 62471 1

Inhalt

Wer im Sendegebiet des SWR lebt oder dort gelegentlich zu Gast ist und das Radio einschaltet, der kennt «Tim fragt Tom» wahrscheinlich schon. Alle anderen können die Gespräche der beiden hier kennenlernen.

Jeden Abend senden die ARD-TAGESTHEMEN Nachrichten für Große. Es geht um Kriege, Krisen, Konflikte und Katastrophen, um Innen- und Außenpolitik, um Wirtschaft und Finanzen, um alle Themen, die gerade eine Nachricht wert sind. Natürlich bemühen wir uns, alles so verständlich wie möglich zu vermitteln. Aber wir haben nicht viel Zeit. Alle Nachrichten eines Tages müssen in eine Sendung gequetscht werden. Und so setzen wir viele Begriffe, die öfter vorkommen, als bekannt voraus. Es würde einfach viel Zeit kosten, alles wieder von Anfang an zu erklären. Nur: Häufig setzen wir Nachrichtenprofis zu viel voraus.

Da kommt Tim ins Spiel. Tim ist ein Junge. Und Jungs – genau wie Mädchen – dürfen zugeben, dass sie etwas nicht verstehen. Sie dürfen fragen. Genau das tut Tim. Wenn ihm in den TAGESTHEMEN etwas unklar geblieben ist, dann ruft er einfach dort an. Und fragt den Moderator ganz unbefangen, was das eigentlich bedeutet: «Rezession», «UNO» oder «Kabinett». Weil er seine Fragen in SWR3, einer Hörfunkwelle des SÜDWESTRUNDFUNKS stellt, können alle seine Fragen und die Antworten des TAGESTHEMEN-Moderators mitbekommen. Und es zeigt sich: Nicht nur die Kleinen, auch die Großen hören zu. Sie hören die Erläuterungen für Begriffe, die seit Jahren in den Nachrichten über ihre Köpfe hinwegrauschten. Aber weil sie groß sind, haben sie sich nie getraut nachzufragen.

«Tim fragt Tom» entstand während der A R D -Themenwoche 2007. Jedes Jahr stellt die A R D eine ganze Woche lang große Teile ihres Programms in den Dienst einer Leitidee, die im öffentlichen Interesse ist. Dann tun wir das, wozu nur wir in der Lage sind: Alle Verbreitungsformen – also Hörfunk, Fernsehen und Internet – widmen ohne Quotendruck ihre Sendungen einem Thema, und zwar von der Information bis zur Unterhaltung. 2007 hieß unsere Themenwoche «Kinder sind Zukunft», und ich war einer der Paten.

Von den vielen Programmideen, welche die Kollegen in dieser Zeit entwickelten, fiel mir eine besonders ins Auge – pardon: «ins Ohr»: Regina Beck von S W R 3 rief mich an und fragte, ob ich für die Themenwoche einfach einem Jungen ein paar Begriffe erklären würde. Das war ganz auf meiner Wellenlänge. Als Vater von zwei Töchtern weiß ich, dass Kinder auf alle Fragen eine Antwort verdient haben. Und darüber hinaus: Es geht bei Nachrichten nicht darum, dass wir Macher uns in Szene setzen. Es geht darum, dass die Zuschauer Informationen an die Hand bekommen. Was Regina Beck und Kai Karsten für den S W R entwickelt hatten und mir da vorschlugen, entsprach also genau meiner Philosophie. «Tim fragt Tom» war geboren.

Es war von Anfang an klar, dass Tim nicht «Herrn Buhrow» fragt, sondern dass er den T A G E S T H E M E N -Mann ganz selbstverständlich duzt wie seinen Fußball- oder Tennistrainer. Als die Themenwoche der A R D vorbei war, machten wir einfach weiter. Und «Tim fragt Tom» bekam immer mehr Fans: Eltern und Kinder schicken neue Fragen, Lehrer wollen die Manuskripte für ihren Unterricht. Natürlich können Tim und Tom das nicht alles alleine stemmen. Vom Titel bis zur einzelnen Sendung arbeiten wir als Team: Regina Beck, Michael Beck, Steffen Grützki, Andreas Hain, Kai Karsten, Verena Schwald, und ich.

Für das Buch haben wir die Texte gründlich überarbeitet und
erweitert. Sie sind alphabetisch geordnet, und das Zeichen
☞ verweist darauf, dass zu einem bestimmten Stichwort
oder Thema noch in einem anderen Artikel Informationen zu
finden sind. So kann man das Buch von vorne bis hinten lesen,
aber auch kreuz und quer.

Und dann will ich noch ein Geheimnis lüften. Alle wollen
wissen: Wer ist eigentlich Tim? Nun, Tim ist ein neugieriger
und unbefangener Junge. Im Radio leiht ihm Julian Sellner
seine Stimme. Aber wenn Julian krank oder sonst wie ver-
hindert war, sprang Moritz Beck ein. Der hat inzwischen
den Stimmbruch hinter sich, sodass er Tim nicht mehr seine
Stimme leihen kann. Eines Tages wird auch Julian groß sein.
Dann passt seine Stimme nicht mehr zu Tim. Aber ich hoffe
ganz fest, er traut sich dann immer noch zu fragen, wenn er
etwas nicht versteht.

Amoklauf

Tim Hallo, Tom, kann ich dich mal was wegen dem Mann fragen, der so viele Menschen an der Universität in Amerika erschossen hat?

Tom Natürlich, wir können über alles sprechen, was in unseren Nachrichten vorkommt. Auch wenn einem bei dem, was dort in Virginia passiert ist, eigentlich die Worte fehlen.

Tim Also, was bedeutet «Amoklauf»?

Tom Das Wort «Amoklauf» kann ich dir erklären, wobei es verschiedene Meinungen gibt, wo das Wort herkommt. Eine davon ist, dass es aus dem indonesischen Sprachraum stammt. Das Wort «Amok» bedeutet: «in blinder Wut angreifen».

Tim Und warum hat der Täter das gemacht?

Tom Du hast vielleicht gehört, dass er zuerst seine eigene Freundin getötet hat. Es könnte also sein, dass er eifersüchtig war und die Kontrolle über sich selbst verloren hat. Aber zu so einem Ereignis kann es auch aus anderen Gründen kommen. Zum Beispiel, wenn sich jemand sehr ausgeschlossen fühlt. Es gibt Experten, die sich damit beschäftigen, warum wir uns so verhalten, wie wir uns verhalten. Diese Experten heißen Psychologen, und sie sagen, dass man zu so einer Tat neigen kann, wenn man sich immer ausgeschlossen fühlt.

Tim Aber bei uns in Deutschland gab's ja auch schon Amokläufe, sogar an Schulen. Kann man da vorher nichts machen?

Tom Leider gibt es keine vollständige Sicherheit oder Garantie, dass so etwas nicht wieder vorkommt. Trotzdem musst du dir keine Sorgen machen oder ständig Angst haben. Es kommt wirklich ganz selten vor, dass jemand so wütend wird, dass er vollkommen ausrastet und so schreckliche Dinge tut. Wichtig ist, dass es irgendjemandem auffällt, wenn einer wütend und einsam ist und vor allem Hilfe braucht.

Tim Und woran erkennt man das?

TOM Das Beste, was wir tun können, ist, darauf zu achten, ob andere sich ausgeschlossen oder gehänselt fühlen, vielleicht auch plötzliche Wutausbrüche haben. Wenn dir so etwas auffällt, dann solltest du mit Erwachsenen reden. Du kannst zum Beispiel deine Lehrer darauf aufmerksam machen. Nicht, um denjenigen anzuschwärzen, sondern damit ihm geholfen werden kann.

Wichtig ist dann natürlich, dass die Erwachsenen solche Hinweise auch ernst nehmen. Leider war das bei dem Fall in der Universität von Virginia nicht so. Es gab Warnungen, aber die Erwachsenen haben sie leider auf die leichte Schulter genommen.

Antidopingbehörde

Tim Bei der Tour de France oder bei den Olympischen Spielen ist immer wieder von der «Antidopingbehörde» die Rede. Was ist denn das?

TOM Dröseln wir doch erst mal das lange und schwere Wort ein bisschen auf: «Anti» kommt aus dem Griechischen und heißt so viel wie «gegen». Eine Behörde ist einfach eine Einrichtung, die etwas verwaltet, regelt und überwacht. Weißt du, was Doping ist?

Tim Nicht so richtig. Ich weiß nur, dass es was mit Sport und Schummeln zu tun hat …

TOM Das stimmt. Das Wort «Doping» kommt aus dem Englischen und hat mehrere Bedeutungen: «Sich aufputschen», «sich spritzen», und in etwas freierer Übersetzung bedeutet es auch «Drogen verabreichen» oder «Drogen nehmen».

Tim Iiiih! Was denn für Drogen? Da wird den Leuten doch schwindlig, und die reden dummes Zeug, oder?

TOM Na ja, es gibt auch Drogen, die andere Dinge bei Menschen bewirken. Gefährlich sind auf jeden Fall alle! Beim Doping nimmt ein Sportler jedenfalls Drogen oder Mittel, die dazu führen, dass er schneller, stärker oder ausdauernder wird. Und damit hat er dann einen Vorteil gegenüber den anderen, die nicht dopen.

Tim Aber Drogen sind doch verboten, oder?

TOM Ja! Dopingmittel sind verboten, denn viele dieser Mittel können die Sportler krank machen, zum Beispiel am Herzen. Es sind auch schon Sportler an Doping gestorben. Zudem ist es natürlich auch unfair! Wenn ganz wenige Sportler etwas nehmen, was sie viel besser als alle anderen macht, dann können diejenigen nicht mehr mithalten, die ehrlich und hart trainieren.

Tim Und wie kriegt man raus, ob ein Sportler so was macht?

TOM Die Antidopingbehörde führt Kontrollen bei den Sportlern durch. Sie heißt übrigens ganz offiziell WA DA –
die «World Anti Doping Agency», also «Weltanti-
dopingbehörde». Und deren Mitarbeiter überprüfen vor
allem Leistungssportler. Zum Beispiel bei der Tour de
France oder bei den Olympischen Spielen.

Tim Und wie genau kontrollieren die das?

TOM Die Sportler müssen eine Blutprobe oder eine Urinpro-
be abgeben. Und im Labor wird dann untersucht, ob die
Sportler irgendwelche unerlaubten Mittel geschluckt
haben, also «gedopt» waren.

Tim Aber wenn es doch verboten ist und die Kontrollen so
streng sind – warum machen es dann manche Sportler
immer noch?

TOM Anscheinend glauben sie, nicht erwischt werden zu
können. Zum Beispiel, weil sie ein ganz neues Dopingmittel benutzen, das die Kontrolleure der Antidopingbehörde noch gar nicht kennen. Wenn das der Fall ist,
können sie es auch nicht im Blut oder im Urin nachwei-
sen.

Tim Na, dann hoffe ich, dass die Kontrolleure genau aufpassen,
damit sie allen gedopten Sportlern auf die Schliche kommen.

Artenschutzabkommen

Tim In der TAGESSCHAU habe ich gesehen, wie das Gepäck von Urlaubern bei der Rückkehr am Flughafen kontrolliert wurde. Die Zöllner haben nach verbotenen Mitbringseln gesucht, zum Beispiel Sachen aus Krokodilleder oder Elfenbein. Und dann wurde von einem «Washingtoner Artenschutzabkommen» gesprochen. Was ist denn das?

TOM Im Grunde genommen ist dieses Artenschutzabkommen ein Vertrag, der 1973 in der amerikanischen Hauptstadt Washington aufgesetzt und unterzeichnet wurde.

Tim Und was steht da drin?

TOM Das ist eine Abmachung von vielen Ländern bzw. Staaten, dass weltweit rund 8000 wildlebende Tierarten und etwa 40 000 Pflanzenarten unter einem besonderen Schutz stehen. Und Schutz bedeutet auch, dass man sie nicht einfach mitnehmen darf.

Tim Und wie soll man wissen, welche Tiere und Pflanzen geschützt sind?

TOM Das ist eigentlich einfach. Zu dem Abkommen gibt es drei Listen – da stehen alle Tiere und Pflanzen drauf. Auf der ersten Liste stehen die Arten, die unmittelbar vom Aussterben bedroht sind. Zum Beispiel Nashörner, Seeschildkröten oder Tiger. Mit ihnen ist jede Art von Handel komplett verboten.

In der zweiten Liste sind die schutzbedürftigen Arten aufgeführt, für die man eine ausdrückliche Erlaubnis braucht, wenn man sie mitnehmen möchte. Auf dieser Liste stehen zum Beispiel Papageien, ein paar Schlangen oder Chamäleons. Da gelten ganz strenge Aus- und Einfuhrbestimmungen. Und auf der dritten Liste stehen die Tiere und Pflanzen, für die nur in einzelnen Ländern Schutzbestimmungen gelten.

Tim Ändern sich diese Listen? Kommen auch neue Tiere dazu?

TOM Ja, leider sind immer mehr Tiere und Pflanzen vom Aussterben bedroht, und deshalb wird etwa alle zwei Jahre überprüft, welche Arten mit auf die Listen genommen werden.

Tim Also ehrlich – wer nimmt denn Papageien oder Schlangen einfach mit? Das würde ich nie machen.

TOM Da hast du recht, ich würde es auch nicht tun. Aber man muss auch im Kleinen aufpassen. Man kann schon gegen das Artenschutzabkommen verstoßen, wenn man zum Beispiel ein Uhrenarmband aus Haifischleder, Schuhe aus Schlangenleder oder etwas Geschnitztes aus Koralle oder einem edlen Holz im Koffer hat. Das würde beim Zoll Ärger geben. Denn um diese Produkte herstellen zu können, musste ja vorher ein geschütztes Tier getötet oder ein geschützter Baum gefällt werden.

Tim Ihr redet doch manchmal in den Nachrichten vom «Aufsichtsrat» und von «Aufsichtsräten». Was bedeutet das?

TOM Einen Aufsichtsrat gibt es in großen Firmen, und er besteht meistens aus drei bis zehn Frauen und Männern. Die haben eine wichtige Aufgabe: Sie passen auf, dass in der Firma alles mit rechten Dingen zugeht.

Tim Aber das machen doch bestimmt die Chefs selbst, oder?

TOM Und wer passt auf die Chefs auf?

Tim Ah, verstehe …

TOM Solche Chefs werden in den Nachrichten übrigens oft «Vorstand» oder «Geschäftsführer» genannt. Sie tragen eine große Verantwortung, weil sie mit viel Geld und vielen Mitarbeitern zu tun haben. Zu ihrer Kontrolle gibt es den Aufsichtsrat, der übrigens auch bestimmt, wer überhaupt Chef in dem Unternehmen werden darf und wer nicht. Wenn etwas schiefläuft, kann dieser Aufsichtsrat den Chef auch feuern. Deshalb darf in Deutschland ein Chef niemals gleichzeitig auch im Aufsichtsrat sein.

Tim Ja klar, sonst könnte der ja schummeln!

TOM Genau, der kann sich ja nicht selbst kontrollieren und beaufsichtigen.

Tim Aber was ist, wenn der Aufsichtsrat schummelt?

TOM Schummeln ist da nicht so leicht, denn um genau das zu verhindern, sitzen ganz unterschiedliche Leute im Aufsichtsrat. Das sind Menschen, die oft vorher in anderen Firmen selbst Chefs waren und wissen, wie der Hase läuft. Und jeder von denen wird auch erst einmal nur für vier Jahre gewählt.

Tim Also können immer wieder neue Aufpasser hinzukommen.

TOM So ist es.

Tim Du, Tom, was ist denn das «Bundeskartellamt»? Ich habe mitbekommen, dass sich die Leute dort um verbotene Absprachen kümmern.

Tom Ganz richtig. Das Bundeskartellamt ist eine Behörde (☞ Antidopingbehörde), deren Mitarbeiter dafür sorgen sollen, dass der Wettbewerb bei uns funktioniert.

Tim Was für ein Wettbewerb?

Tom Wenn du zum Beispiel Schulhefte kaufst, kannst du im Laden zwischen den Heften verschiedener Firmen auswählen.

Tim Ja, stimmt.

Tom Und diese Firmen stehen miteinander im Wettbewerb. Jede Firma möchte natürlich, dass du ihre Hefte kaufst, damit sie Geld verdient. Deshalb versucht zum Beispiel eine Firma, die Umschläge ihrer Hefte besonders bunt zu machen oder besonders schön, damit du ihre Hefte eher kaufst als die von den anderen Firmen.

Tim Ja, aber meine Mutter sagt immer, dass ich die billigsten kaufen soll.

Tom Genau! Der Preis ist eben auch so eine Möglichkeit, das Heft für die Käufer interessanter zu machen. Und genau da kommt das Bundeskartellamt ins Spiel. Wenn der Wettbewerb richtig funktioniert, dann schauen die Firmen immer, wie hoch die Preise der anderen sind. Denn wenn sie ihre Hefte viel teurer machen als die anderen, dann kauft sie ja keiner mehr. Deshalb ist das gut für den Kunden, weil alle versuchen, möglichst billig zu sein. Manchmal sprechen sich aber Firmen heimlich untereinander ab. Sie vereinbaren zum Beispiel, dass alle gleichzeitig die Hefte teurer machen, damit alle mehr verdienen. Dann ist der Wettbewerb ausgehebelt (☞ OPEC).

Tim **Aber dann gibt es ja keine billigen Hefte mehr. Das ist ja unfair!**

TOM Eben! Deshalb sind solche Absprachen auch verboten. Sobald es einen Verdacht gibt, dass Firmen sich heimlich untereinander abgesprochen haben, ermittelt das Bundeskartellamt. Dann werden meistens die Büros der Firmen durchsucht, um Beweise zu finden. Etwa eine Notiz vom Chef, in der er seine Verkäufer auffordert: «Setzt die Preise hoch! Ich habe das mit den anderen abgesprochen, die machen ihre Hefte auch teurer.» So eine Notiz wäre ein Beweis für das Bundeskartellamt, dass eine Absprache stattgefunden hat. Dann kann es die Firmen dafür auch bestrafen.

Tim **Müssen dann die Chefs von den Firmen ins Gefängnis?**

TOM In der Regel nicht, aber sie müssen dann sehr viel Geld bezahlen, sodass sich die Preisabsprache eben nicht gelohnt hat.

Bundesnachrichtendienst (BND)

Tim Was ist der «Bundesnachrichtendienst»? Bekommt ihr von dem eure Nachrichten?

TOM Nein, der Bundesnachrichtendienst hat mit den Nachrichten im Radio und im Fernsehen nichts zu tun. Eigentlich steht das Wort Nachrichten in diesem Zusammenhang auch eher für «Informationen». Der Bundesnachrichtendienst, oder abgekürzt: der BND, das ist eine Behörde (☞ Antidopingbehörde), die verschiedene Informationen sammelt.

Tim Welche Informationen, und wer will die haben?

TOM Die Informationen sind für die Bundesregierung bestimmt, also für die Kanzlerin oder die Minister. Die Bundesregierung will zum Beispiel Informationen über Leute haben, die Deutschland gefährlich werden könnten.

Tim Was sind denn das für Leute?

TOM Die könnten zum Beispiel im Ausland sein. Ich versuche es dir mal so zu erklären. Wie läuft es denn gerade mit deiner Handballmannschaft?

Tim Super, und wir steigen diese Saison auf!

TOM Toll! Aber da habt ihr doch bestimmt auch einen harten Konkurrenten, der ebenfalls um den Aufstieg kämpft, oder?

Tim Klar, die Mannschaft aus dem Nachbarort, die sind ganz schön zäh!

TOM Jetzt stell dir vor, dass die was im Schilde führen: zum Beispiel heimlich Abführmittel in euer Essen zu geben, damit ihr alle Durchfall bekommt und ständig vom Spielfeld müsst.

Tim Boah, das wäre ja total fies! Da muss man doch was dagegen unternehmen!

TOM Genau! Ihr müsst einfach schauen, dass ihr vorher
rauskriegt, ob die irgendwas aushecken. Eventuell
durch einen Kumpel, der euren Gegner quasi für euch
ausspioniert. Das dürfte natürlich niemand sein, der mit
deinem Team in Verbindung gebracht wird.

Tim Und das macht der BND? Spionieren?

TOM Ja, so was Ähnliches. Der BND sucht im Ausland nach
Leuten oder Dingen, die Deutschland schaden könnten,
oder nach unrechten Dingen, die Deutschland betreffen.
Der BND hört zum Beispiel Telefonleitungen von Terroristen ab oder versucht Leute, die was Böses vorhaben
könnten, auszufragen. Das machen dann die Agenten.

Tim So jemand wie James Bond?

TOM In etwa. Die Agenten lassen niemanden wissen, dass sie
vom Bundesnachrichtendienst sind. Und weil von ihrer
Arbeit möglichst niemand etwas mitbekommen soll,
nennt man Nachrichtendienste auch Geheimdienste.
Natürlich wollen die Agenten vom BND nichts über
Handball rausfinden, sondern zum Beispiel, ob ein
Terrorist in einem anderen Land plant, in Deutschland
eine Bombe hochgehen zu lassen.

Tim Dürfen die Agenten einfach jeden ausspionieren?

TOM Eben nicht! Da sprichst du einen ganz wichtigen Punkt
an. Der BND ist zuständig für sogenannte Auslands-
aufklärung. Wenn Leute, die in Deutschland wohnen,
bei uns etwas planen, ist dafür ein anderer Geheim-
dienst zuständig. Der heißt «Verfassungsschutz» (☞
Bundesverfassungsgericht).

Tim Und der spioniert uns aus?

TOM Das darf er nicht so ohne weiteres. Die Agenten müssen
schon einen begründeten Verdacht haben. Ein Geheim-

dienst kann nicht jeden hier in Deutschland einfach abhören. Außerdem kontrolliert ein Ausschuss des Bundestages die Arbeit der Agenten. Und wenn die einfach ohne Grund harmlose Bürger ausspionieren, dann gibt's einen Riesenärger.

Bundesnetzagentur

Tim   Ich habe in den Nachrichten was von einer «Bundesnetzagentur» gehört – hat die was mit Fischen zu tun?

TOM   Irgendwie schon, aber nicht, weil das Wort «Netz»
darin vorkommt, sondern weil sich die Bundesnetzagentur mit den «großen Fischen» in verschiedenen
Bereichen beschäftigt. Mit Firmen, die sich um Strom,
Gas, Telefon, Internet, Post und Eisenbahn kümmern.
Der zweite Teil des Wortes ist ein bisschen irreführend.
«Agentur», das ist eigentlich eine Art Büro, wo Kontakte
hergestellt werden oder wo etwas vermittelt wird. Doch
hier bedeutet es mehr «Aufsichtsbehörde» (☞ Antidopingbehörde). Man dachte wohl, «Agentur» klinge
schicker.

Tim   Aber was beaufsichtigt diese Bundesnetzagentur? Und
was hat die mit der Eisenbahn zu tun?

TOM   Die Bahn fährt ja auf Schienen, von denen es in
Deutschland Tausende Kilometer gibt. Die Schienen
verbinden die großen und kleinen Städte. Und wenn
man alle Schienen in eine Landkarte einzeichnet, dann
sieht das am Ende aus wie ein ganz dichtes Netz. Dieses
Schienennetz gehört der Deutschen Bahn AG, früher
war das die «Bundesbahn». Seit ein paar Jahren dürfen
auch andere Firmen mit ihren Zügen das Schienennetz
benutzen, und die Bundesnetzagentur passt darauf
auf, dass sie dafür keine unfairen Preise zahlen müssen.
Denn sonst könnte die Deutsche Bahn ja einfach so viel
Geld für die Nutzung verlangen, dass sich das die anderen Firmen nicht leisten können. Das wäre dann kein
fairer Wettbewerb (☞ Bundeskartellamt).

Tim   Und wie läuft das beim Telefon?

TOM   Da ist es ähnlich. Nur dass es nicht um Schienen geht,

sondern um Kabel- und Funkverbindungen, die zusammen die Telefon- und Datennetze ergeben. Auch diese
Netze gab es früher nur von einer einzigen Firma. Jetzt
muss die Deutsche Telekom ihre Netze von anderen Firmen mitbenutzen lassen, auch wenn die ihr damit Kunden wegnehmen. Und wenn sich eine Firma ungerecht
behandelt fühlt, dann kann sie die Bundesnetzagentur
um Hilfe bitten.

Tim Aha, und wie ist das bei der Post und beim Strom?

TOM Bei der Post ist es genauso. Früher hat nur die Bundes-
post Briefe und Pakete befördert und ausgeliefert. Inzwischen gibt es mehrere Firmen, die das machen. Auch
beim Strom- und beim Gasnetz ist es so: Die Leitungen
sollen von vielen verschiedenen Firmen genutzt werden
können. Beim Strom geht es übrigens nicht nur um den
Wettbewerb zum Geldverdienen – da geht es auch darum, wie der Strom gewonnen wird. Es gibt nämlich An-
bieter von Ökostrom, die ihren Strom aus erneuerbaren
Energien erzeugen (☞ Erneuerbare Energie), und
die wollen den auch zu ihren Kunden bringen können.

Bundespräsident

Tim Was macht eigentlich der «Bundespräsident»? Das Gleiche wie die Bundeskanzlerin?

Tom Nein, die beiden haben unterschiedliche Aufgaben, und zumindest offiziell ist der Bundespräsident sogar ein bisschen wichtiger als die Bundeskanzlerin.

Tim Echt? Ich dachte, dass sie die Chefin von Deutschland ist?

Tom In gewisser Weise ist sie das ja auch. Die Bundeskanzlerin bildet zusammen mit dem Kabinett (☞ Kabinett) die Regierung, und die trifft die Entscheidungen für Deutschland oder macht neue Gesetze. Der Bundespräsident darf selbst keine Gesetze machen, aber er muss ihnen zustimmen. Er wacht darüber, dass die Gesetze der Verfassung (☞ Bundesverfassungsgericht) entsprechen. Wenn Horst Köhler meint, dass ein Gesetz unserer Verfassung widerspricht, dann sagt er auch schon mal, dass es überarbeitet werden muss. Oder er erlaubt das Gesetz einfach gar nicht.

Tim Wow! Ist er deswegen so wichtig?

Tom Ja! Übrigens wird er offiziell «Staatsoberhaupt» genannt. Er ernennt die Kanzlerin und die Minister, und er kann sie auch entlassen. Aber nicht einfach, wie es ihm gefällt. Das Wichtigste ist, dass die Regierung eine Mehrheit im Bundestag hat. Und der wird von uns allen gewählt. Denn in der Verfassung ist festgelegt: Alle Macht geht vom Volke aus.

Tim Ich glaube, dass ich das doch noch nicht richtig verstehe.

Tom Stell dir Deutschland mal als deine Schule vor. Deine Klasse ist das Volk, also die deutschen Bürger. Dein Direktor ist der Bundespräsident, das «Schuloberhaupt». Deine Lehrer wären die Minister, und dein Klassenlehrer wäre der Bundeskanzler. Er entscheidet nämlich am meisten über dich und deine Mitschüler. Zum Beispiel, wohin ihr einen Ausflug macht. Außerdem prüft er euch in Tests und macht sich damit manchmal auch ziemlich unbeliebt. Genau wie der Bundeskanzler, wenn er zum Beispiel die Steuern erhöhen will. Und so, wie du dich bei deinem Direktor beschweren kannst, wenn du dich von einem Lehrer ungerecht behandelt fühlst, kann sich jeder deutsche Bürger an den Bundespräsidenten wenden, ihm zum Beispiel einen Brief schreiben.

Tim Kann ich ihm auch schreiben?

Tom Ja, natürlich! Der Bundespräsident lässt dann deine Beschwerde überprüfen. Ganz wichtig ist noch, dass der Bundespräsident unparteiisch sein soll. So wie euer Direktor für alle Lehrer und für alle Schüler ein Ohr haben sollte, darf er nicht immer eine bestimmte Partei oder Gruppe bevorzugen. Er soll alle Politiker gleich behandeln, also neutral sein.

Tim Hm, mir kommt es so vor, als würde unser Direktor immer die Lehrer bevorzugen.

Tom Den Eindruck haben Schüler meistens. Aber euer Rektor gibt sich bestimmt so viel Mühe, alle gleich zu behandeln, wie der Bundespräsident!

Bundesverfassungsgericht

Tim Sag mal, Tom, ihr berichtet so oft über das «Bundesverfassungsgericht». Ist das in Berlin?

TOM Nein, das Bundesverfassungsgericht hat seinen Sitz in Karlsruhe. Es ist das wichtigste Gericht in Deutschland. Die Richter wenden nicht, wie die anderen Gerichte, die «normalen» Gesetze an, wenn sie über einen Streit entscheiden, sondern sie kümmern sich darum, dass in Deutschland das sogenannte Grundgesetz oder die «Verfassung» eingehalten wird.

Tim Was ist denn die Verfassung?

TOM Das sind sozusagen die ganz allgemeinen Spielregeln für unser ganzes Land. Die bestimmen zum einen, wie hier der Staat funktioniert. Also zum Beispiel: wofür der Bundestag zuständig ist, der in Berlin viele Gesetze macht, nach denen wir dann leben. Und was die Aufgaben des Bundeskanzlers sind usw. Außerdem stehen im Grundgesetz die sogenannten Grundrechte: Die besagen, was alle Menschen in Deutschland auf jeden Fall dürfen, ob es dem Staat oder der Regierung gefällt oder nicht. Zum Beispiel, dass du deine Meinung öffentlich sagen und auch dafür demonstrieren darfst. Oder dass der Staat jeden gleich behandeln muss. Das sind Grundrechte. Und an denen darf auch nichts geändert werden.

Tim Und wie sorgt das Bundesverfassungsgericht dafür, dass das Grundgesetz eingehalten wird?

TOM Wenn etwa in Deutschland jemand glaubt, dass er in seinen Grundrechten verletzt wurde, durch ein Gesetz oder durch die Handlungen einer Behörde (☞ Antidopingbehörde) oder auch durch eine Gerichtsentscheidung – dann kann derjenige eine Verfassungsbeschwerde an das Bundesverfassungsgericht schicken.

Tim Könnte ich das auch, wenn ich von der Schule fliege?

TOM Nein, du müsstest begründen können, warum eines deiner Grundrechte verletzt wurde. Wenn du zum Beispiel nur deshalb von der Schule verwiesen würdest, weil du eine andere Hautfarbe hast als die meisten deiner Mitschüler, dann wäre ein Grundrecht verletzt.

Tim Aber dann könnte ich vors Verfassungsgericht gehen?

TOM Noch nicht. Erst müsstest du vor den normalen Gerichten versucht haben, mit deiner Klage durchzukommen. Nur wenn du das alles hinter dich gebracht hättest oder in besonders dringenden Fällen könntest du dich ans Bundesverfassungsgericht wenden. Die Richter in Karlsruhe entscheiden dann darüber, ob die Grundrechte in deinem Fall genügend berücksichtigt wurden oder nicht.

Tim Und was passiert, wenn das Bundesverfassungsgericht etwas entschieden hat?

TOM Dann müssen sich alle dran halten! Denn die Verfassungsrichter haben das letzte Wort, und deshalb berichten wir so oft über ihre Entscheidungen. Es kommt immer wieder vor, dass Gesetze im Nachhinein geändert werden müssen, weil sie in einigen Punkten oder überhaupt nicht der Verfassung entsprechen.

Tim Wieso werden die Gesetze nicht gleich so gemacht, dass sie okay sind?

TOM Normalerweise werden sie das ja. Aber manchmal gibt es schon im Parlament Streit darüber, ob ein neues Gesetz die Verfassung verletzt. Dann kann auch schon eine bestimmte Anzahl von Bundestagsabgeordneten das Bundesverfassungsgericht einschalten. Die Entscheidung über ein umstrittenes Gesetz kommt in so einem Fall schneller, als wenn erst ein Bürger darunter leidet und dagegen klagen muss. Am Ende ist das Bundesverfassungsgericht jedenfalls der oberste Schiedsrichter!

Bürgerkrieg

Tim Sag mal, Tom. In den Nachrichten wird immer wieder über Bürgerkriege berichtet. Kannst du mir bitte erklären, was ein «Bürgerkrieg» ist?

TOM Na klar, gerne. Fangen wir doch mal beim Grundsätzlichen an. Was ein Krieg ist, weißt du sicher?

Tim Klar, da gehen Soldaten aufeinander los, und es wird viel geschossen, und viele Leute sterben.

TOM Genau. Bei einem «normalen» Krieg kämpfen zwei oder mehr Länder gegeneinander. Bei einem «Bürgerkrieg» bekämpfen oder bekriegen sich die Menschen innerhalb eines Landes.

Tim Wenn mein Papa Krach mit unserem Nachbarn hat, fängt er dann einen Bürgerkrieg an?

TOM Nein, das ist dann höchstens ein Nachbarschaftsstreit. Ein Krieg ist immer ein ganz schlimmer Streit, bei dem mit Waffen gekämpft wird, also mit Pistolen, Gewehren oder Bomben. Und für einen Bürgerkrieg reicht es nicht, wenn Einzelne aufeinander losgehen, es sind immer Gruppen, die sich bekämpfen. Das ist richtig grausam, und alle leiden darunter, auch die Bürger, die gar nicht mitmachen wollen.

Tim Aber warum bekämpfen die sich überhaupt? Sie wohnen doch im selben Land?

TOM Ich versuche, es dir an einem Beispiel zu erklären. Bist du Mitglied in einem Sportverein?

Tim Ja, ich spiele Handball.

TOM Dann stell dir das mal so vor. Normalerweise spielt ihr ja als ein Team gegen eine andere Mannschaft. Angenommen, ihr würdet einen neuen Trainer bekommen und ein Teil deiner Mannschaft kann den überhaupt nicht leiden. Sie würden zum Beispiel fordern, dass der

Trainer wieder entlassen wird. Und wenn der Verein das nicht macht, würden deine Mitspieler vielleicht Stinkbomben im Vereinsheim loslassen oder bei Spielen absichtlich schlecht sein, um zu zeigen, dass sie es ernst meinen.

Tim Und was ist mit denen, die den Trainer gut finden?

Tom Die würden vielleicht dagegenhalten und sich an den anderen rächen. Vielleicht beim Duschen deren Klamotten verstecken oder die Schnürsenkel an den Handballschuhen durchschneiden.

Tim Boah, das wäre aber fies!

Tom Allerdings. Und es wäre so etwas wie ein Bürgerkrieg, weil ihr auf einmal innerhalb der Mannschaft aufeinander losgehen würdet, obwohl ihr eigentlich mal zusammengehört und zusammengehalten habt.

Tim Aber wo machen die Bürger denn so einen Blödsinn?

Tom Gar nicht weit weg von uns. In Nordirland gab es zum Beispiel bis vor kurzem einen Bürgerkrieg. Fast 30 Jahre lang haben dort protestantische und katholische Bürger gegeneinander gekämpft. Viele Bomben sind explodiert, und es sind sogar Kinder getötet worden.

Tim Aber warum denn? Das ist doch völlig verrückt!

Tom Na ja, die irischen Protestanten wollten, dass der nördliche Teil von Irland zu Großbritannien gehört. Dazu muss man noch wissen, dass die Menschen in Großbritannien größtenteils Protestanten sind und der anglikanischen Kirche angehören. Die irischen Katholiken wollten wiederum, dass der Norden zum Rest von Irland gehört, der katholisch ist.

Tim Und so was soll ein Grund für einen Bürgerkrieg sein?

Tom Ja. In diesem Fall ist die Zugehörigkeit zu unterschiedlichen Kirchen der Auslöser. Es passiert auch oft, dass einer Gruppe in einem Land die Regierung nicht passt.

Dann kämpfen manchmal Gegner der Regierung gegen deren Anhänger, meistens mit Waffen. Oft gibt es auch Bürgerkriege, weil manche Menschen im Land sehr arm sind und andere unglaublich reich. Dann stehen die Armen wütend auf und wollen, dass sich an diesen ungerechten Zuständen etwas ändert. Und manchmal geht es darum, dass sich ein Teil von einem anderen trennen will. So war es in den USA. Da wollten sich die Südstaaten selbständig machen, weil sie die Sklaverei behalten wollten.

Tim Verstehe, Tom. Ein Bürgerkrieg kann also ganz unterschiedliche Gründe haben. Aber furchtbar ist er immer.

CDU/CSU

Tim Wenn es um Politik geht, taucht immer wieder die «CDU / CSU» auf, und dann wird auch nur von «der Union» gesprochen. Um wen geht es denn da genau? Ist das so ein bisschen wie das doppelte Lottchen?

TOM Da liegst du gar nicht so falsch. Es geht nämlich um zwei politische Parteien: die Christlich-Demokratische Union (CDU) und die Christlich-Soziale Union (CSU). Die beiden sind sogenannte Schwesterparteien, und zusammen nennt man sie eben auch nur «die Union». Schließlich haben beide dieses Wort im Namen. Und Union heißt: «Bund» oder «Vereinigung».

Tim Und teilen die Schwestern dann auch alles friedlich, oder streiten die sich auch mal?

TOM Na ja, das ist so wie bei dir und deinem Bruder. Grundsätzlich vertragt ihr euch: Ihr habt dieselben Eltern, wohnt unter demselben Dach, spielt gerne gemeinsam Fußball, aber gelegentlich gibt es auch Krach. Stimmt's?

Tim Ja, klar streiten wir uns manchmal. Aber warum sind die dann nicht einfach nur eine Partei? Das wäre doch viel praktischer?

TOM Das hat historische Gründe. Nach dem Zweiten Weltkrieg wurden zuerst die einzelnen Landesverbände der CDU gegründet: in Niedersachsen, Nordrhein-Westfalen, Hessen und so weiter – noch vor der Bundes-CDU. Und in Bayern wollten die christlichen Politiker eben eine eigene, speziell bayerische Unions-Partei haben. So entstand die CSU.

Tim Und was machen die dann zusammen?

TOM Sie haben zum Beispiel einen gemeinsamen Kanzlerkandidaten, sie bilden eine Fraktionsgemeinschaft (☞ Fraktion) im Deutschen Bundestag, und sie erarbeiten

ein Wahlkampf- bzw. ein Regierungsprogramm für
Deutschland.

Tim   **Werden dann bei einer Wahl die Stimmen von der CDU und der CSU immer automatisch zusammengezählt?**

TOM   Bei der Bundestagswahl ist das so. Ansonsten gibt es eine Abmachung: Die CSU nimmt außerhalb Bayerns nicht an Wahlen teil, und die CDU kandidiert nicht in Bayern.

Tim   **Dann ist ja eigentlich alles geregelt. Warum hast du dann vorhin von Zoff gesprochen?**

TOM   Das gehört natürlich schon zum Alltag in der Politik, dass man versucht, sich durchzusetzen, oder eine eigene Meinung vertritt. Aber den letzten richtig großen Streit gab es Ende der siebziger Jahre, als der damalige CSU-Vorsitzende Franz Josef Strauß Kanzlerkandidat der Union werden wollte.

Tim   **Ist er es geworden?**

TOM   Ja, aber die Union hat mit Strauß dann die Bundestagswahl 1980 verloren. Das war aber, wie gesagt, der letzte große Krach zwischen den beiden Schwesterparteien. Meistens gibt es grundsätzlich eine sachliche Auseinandersetzung um die beste Politik und die wichtigsten Ziele. Die CDU-Kanzler Helmut Kohl und Angela Merkel waren und sind auch in der CSU anerkannt und geschätzt.

Tim   **Wenn mein Bruder und ich uns nach einem Streit wieder vertragen, sagt meine Mutter immer: «Jetzt seid ihr ja wieder vernünftig geworden!» Die CDU und die CSU sind dann also echt vernünftige Schwesterparteien?**

TOM   Auf jeden Fall raufen sie sich wieder zusammen, denn wie gesagt: Union heißt Bund oder Vereinigung!

CO_2

Tim Es wird so oft von «CO_2» gesprochen und dass das nicht gut für das Klima ist. Ich weiß, das hat was mit Chemie zu tun, aber das Fach haben wir noch nicht in der Schule. Was ist denn CO_2 genau?

TOM Dein Chemielehrer würde jetzt sagen: Kohlenstoffdioxid. Das ist ein Gas, eine Verbindung von Kohlenstoff und Sauerstoff. Und dann ist da noch die Silbe «di» drin. Hast du eine Idee, was die bedeuten könnte?

Tim Nein, sag's mir.

TOM Das heißt einfach «zwei». Also verbinden sich immer zwei Teilchen Sauerstoff mit einem Teilchen Kohlenstoff. Die meisten sagen kurz: Kohlendioxid, oder noch kürzer: CO_2.

Tim Sauerstoff kenne ich, das ist doch in den Taucherflaschen drin, damit man unter Wasser atmen kann. Wenn Sauerstoff mit drin ist, kann es ja nicht so schlimm sein, oder?

TOM Zunächst mal ist CO_2 auch nicht gefährlich. Es ist sogar in der Luft, die du einatmest, enthalten. Und wenn du ausatmest, ist noch mehr CO_2 in deinem Atem. Auch das ist gar nicht so schlimm, solange es nicht überhandnimmt. In Maßen können die Pflanzen und Bäume das CO_2 aufnehmen und wieder in andere Stoffe verwandeln. Aber: Wenn zu viel CO_2 in die Luft geblasen wird, dann funktioniert der Kreislauf der Natur nicht mehr. Dann kann dieses Gas nicht mehr von den Pflanzen aufgenommen werden, und es steigt hoch in den Himmel und sammelt sich dort.

Tim Und wer bläst CO_2 in die Luft?

TOM CO_2 entsteht immer da, wo etwas verbrannt wird. Auch dein Körper ist ja wie ein kleiner Ofen, sonst würde der Mensch ja auskühlen. Aber die viel größeren Öfen sind

Autos, Flugzeuge, Kraftwerke oder Heizanlagen. Also: fast überall, wo ein Auspuff oder Schornstein ist.

Tim **Und das alles macht dann schlechte Luft?**

TOM Nicht nur die Luft wird dann schlecht. Dieses CO_2 ist auch ein Treibhausgas. Das heißt deswegen so, weil viele Wissenschaftler sich einig sind, dass es dadurch auf der Erde so warm wird wie in einem Gewächshaus.

Tim **Aber wie soll das gehen? Um die Erde herum ist doch nichts, da ist doch kein Glas drum herum wie bei einem Gewächshaus.**

TOM Das nicht, aber der hohe Anteil an CO_2 in der Luft sorgt dafür – wie in einem Gewächshaus –, dass ein bestimmter Teil des Sonnenlichts nicht ins All zurückreflektiert wird, sondern innerhalb der Erdatmosphäre bleibt. Also zwischen Erde und Himmel.

Tim **Wird es dann auch heller?**

TOM Nein, denn im Sonnenlicht sind nicht nur sichtbare Strahlen – also die, die alles hell machen –, sondern auch unsichtbare, die alles erwärmen. Und wenn es auf der Erde immer wärmer wird, so befürchten viele Wissenschaftler, dann wird sich auch das Wetter ändern. Das ewige Eis am Nord- und Südpol könnte schmelzen, der Meeresspiegel steigt. Dann würden ganze Landstriche überschwemmt, und es könnte zu immer mehr Unwettern und Überschwemmungen kommen (☞ Klimawandel).

Tim **Wenn alle Menschen gleichzeitig für ein paar Sekunden die Luft anhalten würden, dann könnte man doch etwas von diesem CO_2 einsparen, oder?**

TOM Es wäre eine ganz lustige Aktion, aber sie würde nicht viel bringen. Viel mehr CO_2 kannst du sparen, wenn du mal zu Fuß gehst oder mit dem Rad fährst und dich nicht immer mit dem Auto zum Sport fahren lässt. Oder

du achtest darauf, nicht so viel Strom zu verschwenden,
denn dort, wo Strom hergestellt wird, sind oft ganz
viele Schornsteine.

Dalai Lama

Tim Überall sieht man Bilder von einem Mann, der «Dalai Lama» genannt wird. Wer ist das?

Tom Der Dalai Lama ist zum einen so etwas wie der Präsident eines Volkes: Dieses Volk sind die Tibeter. Ihr Land heißt Tibet, und es liegt zwischen China und Indien. Außerdem ist der Dalai Lama aber auch noch das religiöse Oberhaupt dieser Menschen, also etwas Ähnliches wie ein Papst.

Tim Was für eine Religion haben die Tibeter denn?

Tom Die heißt Buddhismus. Das ist neben dem Christentum und dem Islam eine weitere Religion, an die viele Millionen Menschen glauben. Genau so, wie es bei den Christen Katholiken, Protestanten und andere Kirchen gibt, so gibt es auch verschiedene Richtungen des Buddhismus. Der Dalai Lama ist das Oberhaupt der tibetischen Buddhisten.

Tim Dalai Lama ist ein ziemlich komischer Name, oder? Heißt er wirklich so?

Tom Nein. Dalai Lama ist eine Art Titel. Dalai Lama bedeutet so viel wie «Oberlehrer» oder «Mann, der ganz viel weiß». Als er auf die Welt kam, hatte er einen ganz normalen tibetischen Namen. Erst als er dann zum Dalai Lama wurde, gab man ihm einen neuen Namen: Tenzin Gyatso. So ähnlich ist das beim Papst auch. Der heißt ja erst Benedikt, seit er Papst ist.

Tim Und wer wählt den Dalai Lama?

Tom Das unterscheidet ihn vom Papst. Der Dalai Lama wird nicht gewählt, sondern ausgesucht. In Tibet glauben die Menschen daran, dass nach dem Tod des Dalai Lama bald irgendwo ein Baby geboren wird, das der neue Dalai Lama ist. Sie müssen den Dalai Lama dann nur finden. Der jetzige Dalai Lama wurde von einer Gruppe von Mönchen gefunden, die in ganz Tibet Familien mit kleinen Kindern besucht hat.

Tim Und wie haben sie herausbekommen, wer der Dalai Lama ist?

TOM Sie haben nach besonders begabten Kleinkindern und nach Zeichen wie Träumen oder Regenbögen gesucht. Und bei dem Sohn einer Bauernfamilie waren sich alle sicher, dass dieses Baby der neue Dalai Lama sein muss. Von da an wuchs er dann in einem Kloster auf und wurde in Kultur und Kunst, in Sprachwissenschaft und Medizin ausgebildet, aber vor allem in Philosophie.

Tim Und warum berichtet ihr gerade so viel über den Dalai Lama?

TOM Da muss ich dir noch mehr über seine Heimat Tibet erzählen. Tibet ist seit vielen Jahren von chinesischen Soldaten besetzt, weil China nicht will, dass Tibet ein eigener Staat wird. Der Dalai Lama darf auch gar nicht in Tibet leben. Er musste schon vor vielen Jahren fliehen und lebt seitdem in Indien. Vor einiger Zeit gab es dann Aufstände in Tibet gegen die chinesischen Machthaber. Aber der Dalai Lama hat sich vorgenommen, das Problem, das die Menschen in Tibet haben, friedlich zu lösen. Ohne Krieg und Gewalt, nur durch Gespräche und Verhandlungen. Und er hofft – ebenso wie viele Tibeter –, dass ihm das irgendwann gelingt.

Datenschutz

Tim Was meint ihr eigentlich, wenn ihr von «Datenschutz» redet? Was sind denn Daten, und warum sollen die geschützt werden?

Tom Beim Datenschutz geht es im Grunde darum, wer wie viel über wen wissen darf. Ich gebe dir mal ein Beispiel. Stell dir vor, der Besitzer vom Schulkiosk würde aufschreiben, was du alles bei ihm einkaufst: «Am Montag hat Tim einen Schokoriegel gekauft, am Dienstag hat Tim Kekse gekauft, am Mittwoch hat Tim zwei Schokoriegel gekauft» usw. Diese Liste mit deinen Einkäufen oder Informationen über dich wären auch Daten.

Tim Ja, und? Das ist doch egal, wenn die beim Schulkiosk so eine Liste machen.

Tom Aber was würde beispielsweise deine Mutter sagen, wenn sie die Liste bekäme? Sie könnte ja dann sehen, was du in dem gesamten Schuljahr gekauft hast?

Tim Ähm, das wäre natürlich nicht so gut, weil ich keine Süßigkeiten, sondern Brötchen kaufen soll. Da bekäme ich sicher Ärger.

Tom Du würdest also nicht wollen, dass deine Mutter die Kiosliste bekommt. Und genau darum geht es beim Datenschutz: dass jeder selbst bestimmen kann, was andere über ihn erfahren. Darauf haben wir in Deutschland sogar ein Recht. Ich gebe dir noch ein anderes Beispiel: Angenommen, in eurer Schule werden überall Kameras aufgehängt, die alles aufzeichnen, was passiert. Dann könnte man immer nachträglich schauen, wer eine Rauferei angefangen hat.

Tim Das ist doch gut! Dann wird auch keiner zu Unrecht bestraft!

Tom Ja, das stimmt. Aber dann könnten die Lehrer auch kon-

trollieren, wie oft du im Unterricht Zettelchen schreibst
und weitergibst, oder sie schauen, wer in der Pause
freche Sprüche an die Tafel schreibt.

Tim **Och neee, dann kann man ja gar nichts mehr heimlich machen. Da traut sich ja keiner mehr, mal einen Streich zu spielen!**

Tom Siehst du, und deshalb muss man eben Vorteile und Nachteile genau abwägen. Darum geht's beim Datenschutz.

DAX

Tim In den Nachrichten sagt ihr immer, ob der DAX gestiegen oder gefallen ist. Was ist der «DAX» denn überhaupt?

TOM Eigentlich ist der DAX nur eine Zahl, aber die sagt viel aus, und zwar über die Stimmung an der Börse in Frankfurt. Die Börse ist so was wie ein Großmarkt, wobei da kein Obst und Gemüse gehandelt wird, sondern Aktien.

Tim Aha. Und was ist das?

TOM Aktien sind Anteile an Firmen (☞ Hauptversammlung). Und an der Börse sagen alle, die eine bestimmte Aktie kaufen wollen, wie viel sie dafür höchstens bezahlen würden. Umgekehrt sagen diejenigen, die die Aktie schon haben und verkaufen möchten, wie viel Geld sie dafür mindestens haben wollen. Die Mitarbeiter der Börse rechnen dann immer wieder aus, zu welchem Preis möglichst viele Aktien einer Firma den Besitzer wechseln können.

Tim Und was macht da jetzt der DAX?

TOM Der DAX setzt sich zusammen aus den Aktienpreisen von 30 Firmen zusammen. Das sind die Firmen, die an der Börse besonders wichtig sind. Sie sind besonders groß und machen besonders viele Geschäfte. Zusammengenommen sind sie also besonders viel wert. Ich versuche es dir mal so zu erklären: Wer verdient in deiner Familie das meiste Geld?

Tim Mein Vater.

TOM Wer verdient nach deinem Vater das meiste Geld, sozusagen am «zweitmeisten»?

Tim Meine Mutter.

TOM Wer verdient am wenigsten?

Tim Na, ich natürlich! Ich trage nur einmal in der Woche Prospekte aus.

Tom Also verdienst du wahrscheinlich so viel weniger als deine Eltern, dass dein Geld vom Prospekteaustragen gar nicht ins Gewicht fiele, wenn man den durchschnittlichen Verdienst deiner Familie ausrechnen wollte. Würde man sozusagen den «Mini-Dax» von eurer Familie ermitteln wollen, dann nähme man nur das Gehalt oder das Einkommen von deinem Papa und deiner Mama.

Tim Und so wird auch der DAX ausgerechnet?

Tom Ja, so ähnlich. Man nimmt nur die wichtigsten und größten deutschen Firmen, um den DAX auszurechnen. Das ist eine ziemlich komplizierte Rechnerei, weil da noch ein paar andere Dinge hinzukommen und eine Rolle spielen, die hier aber nicht so wichtig sind. Am Ende dieser Rechnerei kommt jedenfalls der Durchschnitt raus, und das ist der DAX! Aber keine Angst, den muss keiner im Kopf ausrechnen. Das machen natürlich Computer!

Tim Und warum ist diese Zahl so wichtig, dass jeden Tag darüber berichtet wird?

Tom Der DAX ist ein Hinweis darauf, wie es den großen Firmen in Deutschland geht. Wenn die Zahl kleiner wird, der DAX also fällt, dann heißt das, dass viele Händler ihre Aktien loswerden wollen, weil sie glauben, dass die Firmen nicht mehr so gute Geschäfte machen werden wie bisher. Wenn dagegen an der Börse mehr Leute glauben, dass die Geschäfte der Firmen besser laufen, dann steigt der DAX. Der DAX drückt also die Erwartungen ganz vieler Aktienkäufer und -verkäufer auf einmal aus.

Tim Neulich sagte ein amerikanischer Politiker im Fernsehen, dass sich die Weltgemeinschaft für die Opfer von Diktaturen einsetzen soll. Was sind denn «Diktaturen»?

TOM Ich erkläre dir gleich das Wort «Diktatur», aber vorher stelle ich dir noch eine Frage: Weißt du, was eine Demokratie ist oder eine Republik?

Tim Ja, wenn ein Land demokratisch ist, dürfen alle mitreden, und alles wird offen besprochen.

TOM Genau, und ganz wichtig ist: Die Menschen oder die Bürger dieses Landes dürfen ihre Regierung frei wählen. Wenn in einem Land eine Diktatur herrscht, dann ist das nicht der Fall, sondern genau das Gegenteil.

Tim Wie meinst du das?

TOM Ich gebe dir wieder ein Beispiel: Wie bestimmt ihr eure Klassensprecher?

Tim Na, es gibt eine Klassensprecherwahl, und wer die meisten Stimmen hat, wird Klassensprecher.

TOM Das ist demokratisch – die Mehrheit eurer Klasse bestimmt den Klassensprecher. Angenommen, einer aus eurer Klasse ist ganz groß und stark und fies dazu. Er würde einfach die Wahl für ungültig erklären, die Stimmzettel wegschmeißen und sich selbst zum Klassensprecher machen. Außerdem würde er euch drohen, dass seine großen Brüder jeden verkloppen, der was gegen ihn unternehmen will.

Tim Das wäre ja das Letzte …

TOM … aber so in etwa kommt es zu einer Diktatur. Es kann aber auch anders laufen: Jemand wird gewählt, und wenn er erst einmal stark und mächtig geworden ist, lässt er keine Wahlen mehr zu. Man kann ihn also nicht mehr abwählen. Dann ist er zum Diktator geworden.

Tim Das würde unser Lehrer aber nicht zulassen. So ein Typ hätte bei uns keine Chance.

Toм Ja, nur stell dir vor, es gäbe da keinen Lehrer oder Schulrektor, der so einen Typen stoppen könnte.

Tim Dann würden wir eben zur Polizei gehen!

Toм Auch das würde in einer richtigen Diktatur nichts mehr bringen. Denn die Polizei und die Armee, also das Militär, alle Ämter und Behörden würden ebenfalls unter dem Befehl und der Kontrolle von diesem einen Typen, seinen Brüdern und Freunden stehen.

Tim Dann würde ich das einfach allen Fernsehsendern, Radiostationen und Zeitungen erzählen. Dann erfahren es alle aus den Nachrichten.

Toм Da würdest du genauso wenig ausrichten können. Meistens wird auch die Presse in einer Diktatur kontrolliert. Journalisten dürfen dann nicht mehr frei berichten.

Tim Also könnte man nichts mehr gegen so einen sagen oder tun? Das ist ja schrecklich!

Toм Das ist es auch. Die Menschen, die in einer Diktatur leben, können ihre Meinung nicht mehr offen sagen. Sie leben ständig in der Angst, dass sie etwas tun oder sagen, was dem Diktator und seinen Leuten nicht passt (☞ Opposition). In Ländern, in denen eine Diktatur herrscht, verschwinden oft Menschen – einfach so. Ihre Angehörigen wissen dann nicht, was aus ihnen wird und wo sie sind. Sie können sich bei niemandem beschweren oder nachfragen, weil alle und alles durch die Diktatur kontrolliert wird.

Tim Bekommt man nie heraus, was aus den Leuten geworden ist, die verschwunden sind?

Toм Manchmal erfährt man es erst viele Jahre später. Meistens kommen Leute, die der Diktatur unbequem sind, ins Gefängnis oder werden getötet. Auch Zeugen verschwinden, damit sie keine Aussagen mehr machen können.

Tim Aber in welchen Ländern passiert denn so etwas? Das müssen doch die anderen merken und was dagegen tun?

TOM Das ist auch oft so. Wir hatten in Deutschland ja auch eine Diktatur. Du hast vielleicht schon mal was vom «Dritten Reich» gehört und den Nazis.

Tim Ja, das habe ich.

TOM Der Diktator hieß Adolf Hitler, und er hat mit seiner Partei, der NSDAP, von 1933 bis 1945 in Deutschland geherrscht. Auf seinen Befehl wurden viele Millionen Menschen umgebracht. Vor allem die Juden (☞ Nahostkonflikt) und dann auch viele andere Menschen, die ihm nicht gepasst haben. Und er hat mehreren Ländern den Krieg erklärt, ist in Polen, Holland, Belgien, Frankreich und später in Russland eingefallen und hat England aus der Luft angegriffen. Bis auch die USA und Kanada Deutschland den Krieg erklärt haben und alle gemeinsam Hitler-Deutschland niedergerungen haben. Das wirst du alles sicher im Einzelnen auch nochmal in Geschichte erfahren.

Tim Ja, ich weiß auch einiges von meinen Großeltern und meinen Eltern. Aber gibt es heute auch noch Diktaturen?

TOM Ja, leider. In einigen Ländern in Afrika beispielsweise, in Nordkorea und auch in Kuba.

Tim Könnte es auch in Deutschland wieder eine Diktatur geben?

TOM Das glaube ich im Augenblick nicht. Wir leben in einer Demokratie und sind durch unser Grundgesetz geschützt. Da steht drin, dass jeder eine freie Meinung haben und seine Religion frei wählen darf und vieles mehr. Und man kann sich auf sie berufen – auch vor Gericht (☞ Bundesverfassungsgericht). Aber man muss immer wachsam bleiben, damit nicht eines Tages jemand so stark wird, dass er sich zum Diktator entwickeln und unsere Grundrechte abschaffen kann (☞ Menschenrechte).

Embargo

Tim Neulich habe ich in den Nachrichten von einem «Embargo» gehört und dass es wieder aufgehoben werden soll. Was ist denn das?

TOM Das Wort «Embargo» kommt aus dem Spanischen. «Embargar» bedeutet so viel wie «beschlagnahmen» oder «behindern». Heute beschreibt der Begriff eine ganz bestimmte Situation: wenn ein Land oder auch mehrere Länder einem anderen Land von einer bestimmten Ware oder Sache nichts mehr abgeben. Und das tun sie, um das Land unter Druck zu setzen. Manchmal geht es darum, wer mehr zu sagen hat. Oder ein Land soll bestraft werden, weil es zum Beispiel die Menschenrechte verletzt (☞ Menschenrechte). Es gibt verschiedene Gründe.

Tim Hm, das kapiere ich noch nicht so richtig.

TOM Nehmen wir an, in deiner Klasse ist ein richtiger Rüpel, der den anderen immer wehtun will.

Tim Da hatten wir mal einen, der zielte in der großen Pause mit einer Schleuder auf uns und beschoss uns mit Erbsen.

TOM Wo hatte er die Erbsen denn her?

Tim Die hatte er vom Gemüseladen um die Ecke. Da hat er sich jeden Morgen eine Handvoll gekauft. Die kosten ja nicht so viel.

TOM Jetzt stell dir vor, du und einige Klassenkameraden, ihr wärt zu dem Laden gegangen und hättet dem Besitzer erzählt, was der andere Junge mit den Erbsen macht. Vielleicht hättet ihr es geschafft, dass der Laden keine Erbsen mehr an ihn verkauft. Das wäre dann eine Art «Embargo» – eine Handelssperre – gewesen.

Tim Verstehe. Aber warum kommt das jetzt in den Nachrichten?

Tom Na, weil Länder das manchmal genauso machen. Zum Beispiel dann, wenn sich ein bestimmtes Land nicht an das sogenannte Völkerrecht hält. Das ist wie eine Schulordnung, aber für alle Länder und Völker auf der Welt. Im Völkerrecht steht zum Beispiel, dass kein Land gegen ein anderes ohne Grund einen Krieg anfangen darf. Wenn es das doch tut, können andere Länder es bestrafen. Zum Beispiel, indem sie bestimmte Waren nicht mehr liefern: Waffen, Erdöl oder Autos. Dann sagt man, «sie verhängen ein Waffen-Embargo» oder ein «Öl-Embargo» gegen das Land, so wie der Gemüseladen ein «Erbsen-Embargo» gegen den Rüpel verhängt hätte. Es geht übrigens auch andersrum: Die anderen Länder kaufen keine Waren mehr aus dem Land, das die Regeln gebrochen hat. Es gibt also Einfuhr- und Ausfuhr-embargos. So sollen die Länder dazu gebracht werden, sich wieder an das Völkerrecht zu halten.

Tim Dann ist ein Embargo also immer etwas Gutes, um böse Länder zum Einlenken zu bringen?

Tom Nicht unbedingt. Wie schon gesagt: Manchmal will sich auch ein Land einfach in die Angelegenheiten eines anderen einmischen und benutzt das Embargo, um Druck auszuüben.

Tim Und warum nimmt man jetzt ausgerechnet dieses spanische Wort Embargo?

Tom Weil Spanien früher eine große Seefahrernation war und feindliche Länder manchmal dadurch bestraft hat, dass es deren Handelsschiffe am Weiterfahren gehindert und beschlagnahmt hat. So kamen dann keine Waren mehr in diesem Land an.

Tim Okay, Tom, jetzt habe ich verstanden, was ein Embargo ist. Hätte ich das mal gewusst, als wir noch den Rüpel in der Schule hatten …

Entsendegesetz

Tim Im Bundestag wurde gerade über ein «Entsendegesetz» diskutiert. Was ist denn das für ein Gesetz?

TOM Das Entsendegesetz gibt es schon seit mehr als zehn Jahren, und am Anfang hatten vor allem die Arbeiter auf Baustellen damit zu tun. Dort arbeiten nämlich relativ viele Menschen aus dem Ausland. Sie kommen nach Deutschland, weil sie in ihrem Land gerade keine Arbeit haben oder ganz schlecht bezahlt werden. Bei uns arbeiten sie auf Baustellen und gehen dann, wenn das Haus fertig gebaut ist, wieder zurück in ihr Land. Sie werden also zum Arbeiten nach Deutschland «entsandt» bzw. «entsendet».

Tim Und wofür ist das Gesetz genau?

TOM In diesem Gesetz steht, dass alle Bauarbeiter – auch die aus dem Ausland – auf jeden Fall einen bestimmten Lohn pro Stunde bekommen müssen. Selbst wenn sie die Arbeit für viel weniger Geld machen würden, weil sie in ihrem Heimatland womöglich noch weniger bekämen. Nur so ist es den deutschen Arbeitern gegenüber gerecht. Sogar die Bauunternehmer haben etwas davon. Denn dadurch brauchen sie keine Angst zu haben, dass andere Unternehmen aus dem Ausland, die in Deutschland Aufträge ausführen, nur ganz wenig Lohn bezahlen und dadurch billiger sind. So haben alle, die in Deutschland auf dem Bau arbeiten, den gleichen Mindestlohn (☞ Mindestlohn).

Tim Aber warum wird jetzt in den Nachrichten immer noch so viel über dieses Entsendegesetz geredet, wenn es doch schon mehr als zehn Jahre alt ist?

TOM Das Gesetz soll umgeschrieben werden. Es soll nicht nur für das Baugewerbe gelten, sondern zum Beispiel auch für Gebäudereiniger, Dachdecker, Maler und Elektriker.

Tim Das ist doch kein Problem – dann soll das Gesetz eben für alle gelten, oder?

Tom Nun ja, manche Unternehmen aus diesen Bereichen zahlen weniger als den vorgesehenen Mindestlohn, weil sie sagen, dass ihre Firma pleitegeht, wenn sie ihren Mitarbeitern mehr zahlen müssen. Sie wollen sich die Möglichkeit erhalten, selbst über die Höhe der Löhne zu entscheiden.

Tim Hm. Das wäre natürlich nicht so schön, wenn eine Firma pleitegeht. Aber auf der anderen Seite finde ich es auch gut, wenn niemand wenig verdienen muss. Vielleicht gibt es ja trotzdem irgendwann so ein Entsendegesetz für alle, ohne dass jemand seine Firma zumachen muss.

Tom Wenn das so ist, dann siehst du es auf jeden Fall bei uns in den TAGESTHEMEN. Und alles andere Neue zum Entsendegesetz natürlich auch.

Erneuerbare Energie

Tim «Erneuerbare Energie» wird immer wichtiger. Das höre und lese ich ständig. Was ist denn das?

TOM Wir nehmen den Begriff mal auseinander. Mit «Energie» ist die Kraft gemeint, die zum Beispiel in Benzin oder in Strom steckt. Ein Automotor kann diese Kraft nutzen und damit Räder antreiben, oder eine Lampe kann damit Licht machen.

Tim Aber warum «erneuerbare» Energie?

TOM Weißt du, womit ihr euer Haus im Winter heizt?

Tim Mit Öl. Da kommt immer so ein Tankwagen vorbei, das finde ich spannend.

TOM Beim Öl ist es so, dass nur eine begrenzte Menge davon auf der Erde vorhanden ist (☞ Ölpreis). Irgendwann haben wir alles verbraucht. Dann gibt es auch kein Benzin mehr – Benzin wird ja aus Öl gemacht. Zur selben Art von Energiequellen gehört die Kohle, aus ihr wird ein Teil unseres Stroms gemacht. Aber auch die Kohle ist irgendwann aufgebraucht. Deswegen gehören Öl und Kohle NICHT zu den erneuerbaren Energien, weil die Vorräte daran irgendwann ganz einfach erschöpft sind. Erneuerbare Energie ist dagegen Energie, die ständig wieder neu entsteht.

Tim Wie soll das denn gehen?

TOM Zum Beispiel durch Windkraft. Hast du schon mal ein Windrad gesehen?

Tim Ja, das sind doch die Riesenpropeller, die man manchmal von der Autobahn aus sieht.

TOM Genau! Wenn die sich im Wind drehen, dann erzeugen sie dabei Strom. Da es ganz von allein immer wieder neuen Wind gibt, nennt man die Windkraft eine erneuerbare Energie. Sie erneuert sich sozusagen von selbst.

Genauso ist es bei Energie aus Sonnenstrahlen oder bei Wasserkraft. Man kann auch Energie aus Pflanzen gewinnen, die wieder nachwachsen. Im Benzin an der Tankstelle ist zum Beispiel ein kleiner Teil Pflanzenkraftstoff drin. Dieser Teil ist dann auch erneuerbare Energie.

Tim Aber warum sagt meine Mutter, dass ich das Licht ausmachen soll, wenn ich aus dem Zimmer gehe? Es gibt doch immer wieder neue Energie?

Tom Das Umwandeln dieser Energie in den Strom für deine Lampe ist nicht ganz einfach und kostet Geld. Bei erneuerbarer Energie ist das sogar noch teurer, als wenn man Öl oder Kohle nutzt, zumindest im Augenblick noch. Deshalb stammt bei uns in Deutschland nur ein kleiner Teil, bisher rund zehn Prozent der Energie, aus erneuerbaren Energiequellen. Der Anteil hat in den letzten Jahren immer mehr zugenommen. Aber kostenlos ist keine Energie.

Tim Ihr redet so oft von der EU. Ich weiß, dass EU die Abkürzung für «Europäische Union» ist, und was Europa ist, das weiß ich auch. Aber was heißt denn «Union»?

TOM So etwas wie «Vereinigung». Und in der Europäischen Union haben sich inzwischen 27 Länder, darunter Deutschland, Frankreich, Italien und viele andere, zusammengeschlossen. Das bedeutet: Die EU-Länder machen bei ganz vielen Themen gemeinsame Sache.

Tim Und was haben sie davon?

TOM Nun, zum einen ist es einfach besser, wenn man befreundet ist und zusammenarbeitet, als sich ständig zu streiten. Vor gar nicht so langer Zeit lagen sich die europäischen Länder ständig in den Haaren und haben oft sogar Kriege gegeneinander geführt. Jetzt redet man in der EU über alles und sucht nach einer Lösung. Zum anderen wird vieles einfacher, wenn man sich abstimmt. Denk mal an den Euro! Wenn du mit deinen Eltern nach Spanien in den Urlaub fährst, kannst du dort mit demselben Geld ein Eis kaufen wie hier.

Tim Aber wenn wir in die Schweiz zum Skifahren gehen, brauchen wir immer noch anderes Geld!

TOM Das stimmt, denn die Schweiz ist ja auch nicht Mitglied in der EU. Aber man weiß ja nie! Vielleicht will sie ihr ja doch irgendwann mal beitreten und später sogar den Euro einführen. Und dann gibt's auch noch Länder, wie zum Beispiel die Türkei, die gerne dabei sein würden. Doch darüber müssen die anderen EU-Länder noch beraten.

Tim Warum kann ein Land nicht einfach Mitglied werden?

TOM Stell dir vor, du gründest mit deinen Kumpels eine Bande. Da lässt du ja auch nicht jeden rein, oder?

Tim Nee, nur die Coolen!

Tom Siehst du! In der EU geht es natürlich nicht darum, cool zu sein, aber es dürfen trotzdem nicht alle rein. Da gibt es ganz bestimmte Bedingungen: Zum Beispiel darf kein Land rein, dessen Wirtschaft nicht einigermaßen funktioniert. Ganz wichtig ist auch, dass das Land seine Bürger immer gerecht und vor allem gleich behandelt, egal ob sie Männer oder Frauen sind oder welche Hautfarbe oder Religion sie haben. Und viele EU-Länder wollen eben nochmal genau prüfen, ob das in der Türkei wirklich immer der Fall ist.

Tim Kannst du mir erklären, was «Föderalismus» ist? Da kann ich mir überhaupt nichts darunter vorstellen.

TOM Das Wort «Föderalismus» beschreibt einen Zusammenschluss – einen Bund – zum Beispiel von einzelnen Ländern zu einem großen Land. Bei uns sind das die 16 Bundesländer, die gemeinsam die Bundesrepublik Deutschland bilden.

Tim Und wo ist da der Föderalismus?

TOM So ein Bund muss ja auch Regeln haben, Abmachungen treffen, damit dieses Bündnis funktioniert. Wenn wir jetzt das Beispiel Bundesrepublik Deutschland nehmen, da gibt es gemeinsame Gesetze, die in allen Bundesländern gelten. Aber die Bundesländer haben auch noch die Möglichkeit, eigene Gesetze zu machen.

Tim Kannst du mir da ein Beispiel geben?

TOM In allen Bundesländern sind die Kinder ab dem sechsten Lebensjahr schulpflichtig – das ist ein «gemeinsames» Gesetz. Aber – wann zum Beispiel die Ferien anfangen, das entscheidet jedes Land für sich. Deswegen haben beispielsweise die Kinder in Baden-Württemberg zu einer anderen Zeit Ferien als die Schüler in Rheinland-Pfalz, Hessen oder Bayern. Und auch später, wenn du deinen Schulabschluss machst, werden sich deine Prüfungsaufgaben von denen in anderen Bundesländern unterscheiden.

Tim Aha. Und wofür ist der Föderalismus gut?

TOM Der Föderalismus sorgt dafür, dass nicht alles nur von einer Stelle, sozusagen der Zentrale, bestimmt wird. Das würde man «Zentralismus» nennen. Bei euch in der Schule steht zum Beispiel der Rektor an oberster Stelle. Er legt unter anderem fest, dass jede Klasse pro Halbjahr

einen Schulausflug machen darf. Aber wohin der Ausflug geht, das dürfen die Klassenlehrer zusammen mit
den Schülern entscheiden. Das ist in gewissem Sinne
auch Föderalismus.

Tim Das klingt vernünftig. Gibt es auf der ganzen Welt viel
Föderalismus?

Tom Nein, denn es geht bei so einem Bund nicht nur um die
Frage, ob das vorteilhaft oder vernünftig wäre. So ein
Bund hält nur, wenn jeder selbständig genug ist, um
viel allein zu entscheiden, aber gleichzeitig alle genug
gemeinsam haben. Und Gemeinsamkeiten bilden sich
langsam, durch gemeinsame Erfahrungen und gemeinsame Geschichte. Das ist bei jedem Staat anders.

Tim Wie meinst du das?

Tom Deutschland ist erst spät ein richtiger geeinter Natio-
nalstaat geworden. Lange Zeit waren wir in viele kleine
Fürstentümer, Herzogtümer oder auch Königreiche
geteilt. Deshalb ist es hier natürlich, dass die Bundesregierung in Berlin nicht alles entscheidet, sondern die
einzelnen Bundesländer noch viel zu sagen haben. In
Frankreich ist das genau andersherum: Da ist es normal,
dass in der Hauptstadt Paris das meiste entschieden
wird. Das liegt an der Geschichte.

Tim Was ist denn mit Europa und der EU? Ist das auch
Föderalismus?

Tom Da hast du deinen Finger auf einen ganz wichtigen
Punkt gelegt. Das ist nämlich noch nicht entschieden. In
Europa ist es so, dass die einzelnen Staaten so lange unabhängig waren und auch heute noch so unterschiedlich
sind, schon durch die eigenen Sprachen und Gebräuche,
dass sie nur ganz vorsichtig in der EU zusammenarbeiten (☞ EU). Viele wollen noch keinen Föderalismus in
Europa, also einen richtigen Staatenbund. Für Deutsch-

land wäre das ja vertraut, weil wir das kennen, aber für Frankreich zum Beispiel ist das im Moment undenkbar.

Tim **Gibt es denn überhaupt noch irgendwo Föderalismus außer in Deutschland?**

TOM Ja, durchaus. Man könnte zum Beispiel die USA als föderalen Staat bezeichnen. Übersetzt heißen sie ja auch «Vereinigte Staaten von Amerika». Da ist schon im Namen die Selbständigkeit der einzelnen Bundesstaaten betont. Und auf dem Wappen der USA steht «E pluribus unum». Das ist Lateinisch und heißt: «Aus vielen Eines».

Tim Wenn ihr in den Nachrichten über den Bundestag sprecht, dann kommt immer wieder das Wort «Fraktion» vor. Kannst du mir erklären, was das ist?

Tom Gerne! Wenn wir in den TAGESTHEMEN von einer Fraktion sprechen, dann geht es meistens um eine Gruppe von Abgeordneten in einem Parlament, zum Beispiel im Bundestag in Berlin. Dort sitzen zurzeit 612 Abgeordnete, die sich darum kümmern, welche Gesetze in Deutschland gelten sollen. Damit die einzelnen Abgeordneten ihre Ideen besser durchsetzen können, verbünden sie sich mit anderen Abgeordneten. So ein Bündnis nennt man eine Fraktion.

Tim Wie suchen die sich denn die Leute aus, mit denen sie sich verbünden wollen? Die kennen sich doch bestimmt gar nicht alle.

Tom Das stimmt, und deshalb schließen sich die Abgeordneten zusammen, die in der gleichen Partei sind, zum Beispiel in der SPD oder FDP. Oder es schließen sich Mitglieder von Parteien zusammen, die eng zusammenarbeiten, zum Beispiel die CDU und die CSU (☞ CDU/CSU). Dann können sich die Mitglieder einer Fraktion sicher sein, dass sie im Großen und Ganzen die gleichen Ziele verfolgen.

Tim Und wieso können die ihre Ziele mit so einer Fraktion besser durchsetzen?

Tom Zum einen, weil sie sich die Arbeit aufteilen. Manche beschäftigen sich lieber mit Gesetzen, die mit Autos und Straßen zu tun haben, und andere interessieren sich besonders für Umweltschutz oder für soziale Fragen. Wenn sich nicht jeder um alles kümmern muss, hat er mehr Zeit für seine Lieblingsthemen und kann sich spezialisieren. Vor allem aber stimmen die Mitglieder einer Fraktion in den meisten Fällen gemeinsam ab, wenn im Parlament die Gesetze beschlossen werden. Das läuft nach dem Motto: «Hilfst du mir, helf ich dir» – stimmst du bei der Abstimmung zu meinem Lieblingsthema für meine Idee, dann stimme ich bei deinem Lieblingsthema für deine Idee.

Tim Aber was ist, wenn einer was anderes besser findet? Läuft das dann trotzdem so?

Tom Nicht immer, aber meistens. Die Abgeordneten einer Fraktion sprechen vorher ab, wie sie im Parlament abstimmen wollen, zum Beispiel, dass sie für eine bestimmte Steuererhöhung sind. Wenn ein Abgeordneter damit überhaupt nicht einverstanden ist, kann ihn zwar keiner zwingen, mit seiner Fraktion zu stimmen. Er darf auch dagegen stimmen. Macht er das aber zu oft, kriegt er Ärger mit seiner Partei. Und die entscheidet darüber, wer für sie für den Bundestag kandidieren darf. Wenn also ein Abgeordneter allzu häufig von seiner Fraktion abweicht, dann unterstützt ihn die eigene Partei bei der nächsten Wahl nicht mehr. Deshalb kommt das eher selten vor.

G8-Gipfel

Tim Was ist denn der «G8-Gipfel»? Erst habe ich gedacht, dass das irgendwas mit Sport zu tun hat. Aber dann habe ich in den Nachrichten gesehen, dass es Demonstrationen gab und Politiker sich die Hände geschüttelt haben.

Tom Die G8 ist eine Gruppe von acht Ländern. Dazu gehören im Moment: Amerika, Frankreich, Großbritannien, Italien, Japan, Kanada, Russland und Deutschland. G8 ist sozusagen die Abkürzung für «die großen Acht».

Tim Also, dass Russland, Kanada und Amerika sehr große Länder sind, das weiß ich aus Erdkunde. Aber Deutschland, Italien oder Japan sind doch gar nicht so groß?

Tom Stimmt! Bei den «großen Acht» geht es auch nicht darum, wie groß ein Land von der Fläche her ist, sondern wie reich es ist und wie viel Geld dort erwirtschaftet wird. Bei den Treffen dieser Länder – das ist einmal im Jahr, beim sogenannten G8-Gipfel – redet man immer übers Geld.

Tim Och, das ist ja langweilig …

Tom … aber oft folgenreich! Die G8-Länder beraten sich miteinander, damit es zum Beispiel keine Krisen in der Weltwirtschaft gibt. So eine Krise wäre etwa eine Ölkrise, das heißt, wenn das Öl so knapp würde, dass Fabriken schließen müssten und kaum noch jemand Auto fahren könnte.

Tim Hat es das denn schon mal gegeben?

Tom Vor über 30 Jahren wäre es fast so weit gekommen. Damals haben einige Staatschefs dann die G6 gegründet, weil es zu dem Zeitpunkt nur sechs Länder waren. Kanada und Russland kamen erst später dazu, und dann wurden aus den G6 die G8.

Tim Was kann denn bei einem G8-Gipfel entschieden werden?

Tom Da werden natürlich keine Gesetze beschlossen. Aber die Länder versuchen sich abzustimmen. Zum Beispiel können sie sich vornehmen, weniger Abgase in die Luft zu pusten (☞ CO_2 ☞ Klimawandel ☞ Kyoto-Protokoll). Das macht dann schon eine ganze Menge aus, denn in der G8 sind eben die reichsten Länder der Welt versammelt. Was die tun oder lassen, hat große Auswirkungen auf den Rest der Welt.

Tim Und warum wird bei dem G8-Gipfel demonstriert?

Tom Die G8-Gegner werfen den reichen Ländern vor, dass sie immer nur an sich denken. Mit ihren Demonstrationen, Plakaten und Veranstaltungen wollen sie beim G8-Gipfel die reichen Länder an ihre Verantwortung erinnern, nämlich den armen Ländern auf alle möglichen Arten zu helfen. Sie fordern zum Beispiel, dass die G8 denen die Schulden erlassen.

Tim Okay, ich hab's verstanden. Die G8 sind die Chefs in der Welt, und Chefs haben eine große Verantwortung. Das hast du mir ja auch schon mal erklärt (☞ Aufsichtsrat). Dann hoffe ich, dass die G8 sich auch wirklich um die armen Länder kümmern.

Tim Tom, ich hab eine neue Frage! Es gibt ein Wort, das ich immer wieder höre oder lese: «Globalisierung». Was ist denn das?

TOM Da frage ich dich erst mal zurück: Habt ihr zu Hause einen Globus?

Tim Wir nicht, aber unsere Nachbarn. Man kann ihn sogar anknipsen, dann leuchtet er. Darauf sind alle Länder der Welt.

TOM Damit hast du schon mal einen wichtigen Punkt selbst angesprochen: «Globalisierung» hat etwas mit der ganzen Welt zu tun. Das Wort soll ausdrücken, dass die Erdteile und die einzelnen Länder heutzutage so viel miteinander zu tun haben, dass unsere Welt fast ein Dorf geworden ist.

Tim Aber die Welt ist doch viel größer als ein Dorf?

TOM Das stimmt, aber durch Telefon, Internet und schnelle Reisemöglichkeiten, wie zum Beispiel das Flugzeug, sind wir Menschen viel direkter und schneller miteinander verbunden als früher. Dadurch sind wir uns so nahe gerückt wie die Bewohner eines Dorfes. Und so entstehen ganz neue Möglichkeiten – vor allem, wenn es darum geht, Waren herzustellen und zu verkaufen.

Tim Was denn zum Beispiel?

TOM Eigentlich fast alles: Möbel, Fernseher, Autos – oder deine Turnschuhe! Weißt du, wo die herkommen?

Tim Das sind ganz coole Turnschuhe, original aus Amerika. Aber ich hab sie bei uns in der Stadt im Laden gekauft.

TOM Jetzt schau sie dir mal genau an. Was steht denn innen auf dem Schild?

Tim Warte mal ... ups – hier steht «Made in China».

TOM Aha! Das heißt, sie wurden in China hergestellt.

Tim Ja, aber dann ist doch Globalisierung eigentlich super,
oder? Meine Turnschuhe kommen von China nach Amerika und dann nach Deutschland!

TOM Na ja. Die amerikanischen Turnschuhe kommen aus China, weil die Menschen dort für einen sehr niedrigen Lohn arbeiten. Deswegen lässt die amerikanische Firma die Turnschuhe dort billig herstellen. Aber dadurch gibt es in Amerika in den Fabriken auch weniger Jobs.

Tim Dann ist die Globalisierung also doch nicht so toll?

TOM Das Problem ist, dass wir uns alle freuen, wenn wir etwas günstig kaufen können. Aber jeder, der etwas kauft, muss auch darüber nachdenken, warum viele Dinge bei uns so superbillig sind.

Tim Mann, das ist ja kompliziert.

TOM Es ist sogar noch komplizierter: Bisher habe ich nur davon geredet, wie Waren in China oder anderswo für uns hergestellt werden. Aber Globalisierung läuft auch umgekehrt: Um die Turnschuhe herzustellen, braucht China Fabriken und komplizierte Maschinen. Und die kommen zum Teil aus Deutschland. Je mehr in China für uns hergestellt wird, desto mehr können wir auch wieder nach China verkaufen. Es geht hin und her.

Tim Da wird einem ja schwindelig! Aber ich glaube, ich hab es ein bisschen verstanden.

TOM Es ist auch nicht einfach zu erklären. Wenn du aber beim Einkaufen mal darauf achtest, wo die Sachen herkommen und für wie viel sie hier verkauft werden, dann kannst du für dich immer wieder nachrechnen, ob der Preis in Ordnung ist oder nicht bzw. ob derjenige, der die Turnschuhe zusammengenäht hat, einen fairen Lohn bekommen hat oder nicht.

Tim Das heißt: Superbillig ist nicht immer fair, oder?

TOM Genau!

Tim Was meint ihr denn, wenn ihr von «Hartz IV» redet? Ich weiß nur so viel, dass das was mit Arbeitslosen zu tun hat.

TOM Hartz IV ist ein Gesetz, in dem geregelt ist, wie viel Geld jemand vom Staat bekommt, der keine Arbeit hat.

Tim Und warum heißt das Hartz IV?

TOM Einer derjenigen, die sich das ausgedacht haben, heißt Peter Hartz. Der war früher mal Manager bei VW, und er hat zusammen mit anderen Experten die Bundesregierung beraten.

Tim Bei was denn?

TOM Wenn Menschen keine Arbeit haben, versucht die Bundesregierung ihnen dabei zu helfen, wieder Arbeit zu finden. Mit den Ideen von Herrn Hartz hat die Bundesregierung vor ein paar Jahren ein neues Arbeitslosengesetz beschlossen.

Tim Und warum Hartz vier?

TOM Dieses Gesetz wurde damals in vier Schritten oder vier Stufen eingeführt. Es gibt also Hartz I, II, III und IV.

Tim Wirklich?

TOM Ja, und im vierten Schritt – Hartz IV –, da wurde festgelegt, wer wie viel Arbeitslosengeld bekommt.

Tim Bekommt denn nicht jeder, der keine Arbeit hat, gleich viel Geld?

TOM Nein. Jemand, der gerade erst seine Arbeit verloren hat, bekommt etwas mehr Geld. Die Fachleute nennen das «Arbeitslosengeld I». Die Höhe richtet sich danach, was jemand vorher verdient hat. Erst wenn jemand längere Zeit arbeitslos ist oder noch nie gearbeitet hat, gibt es weniger Geld. Das ist dann «Arbeitslosengeld II». Und nur wer das bekommt, ist gemeint, wenn man von «Hartz-IV-Empfängern» spricht.

Tim Aber warum sagt man denn überhaupt Hartz-IV-Empfänger und nicht Arbeitslosengeldempfänger?

Tom Du hast recht. Die Bezeichnung «Hartz-IV-Empfänger»
ist eigentlich falsch, aber es hat sich so eingeschlichen.
Allerdings wäre «Arbeitslosengeld-II-Empfänger» auch
ein langes und kompliziertes Wort.

Tim In den Nachrichten habe ich heute was von einer «Hauptversammlung» gehört. Wer versammelt sich denn da?

Tom Da muss ich ein bisschen weiter ausholen. Hast du schon mal was von einer Aktiengesellschaft gehört, abgekürzt A G? Das steht ja auch oft auf Firmenschildern drauf.

Tim Ja, ich glaube schon.

Tom Eine A G oder eine Aktiengesellschaft, das ist eine Firma, die mehreren Menschen gehören kann. Man hat nämlich die Möglichkeit, Teile oder Anteile solch einer Firma zu kaufen. Diese Anteile heißen Aktien (☞ DAX). Und die Firma gehört allen zusammen, die Aktien von dieser Firma haben. Das sind die sogenannten Aktionäre.

Tim Und wer ist dann da der Chef?

Tom Die Chefs, das sind die Vorstände einer Aktiengesellschaft, und die werden ihrerseits wieder kontrolliert vom Aufsichtsrat (☞ Aufsichtsrat). Mindestens einmal im Jahr lädt man alle Aktionäre, also die Besitzer der Firma, zu einer Versammlung ein – das ist die Hauptversammlung.

Tim Und was passiert da?

Tom Da erzählen die Vorstände den Aktionären, welche Entscheidungen sie in der Firma getroffen haben und ob die Firma dadurch Geld verdient und Gewinn gemacht hat.

Tim Und was ist, wenn es keinen Gewinn gibt?

Tom Oooh, dann sind die Aktionäre meistens sauer! Deshalb sagen sie bei so einer Hauptversammlung dem Vorstand auch, was sie gut finden und was nicht. Sie sind ja schließlich die Besitzer! Und was dann bei einer solchen Hauptversammlung beschlossen wird, darüber

berichten wir bei den besonders großen Firmen in den Tagesthemen.

Tim Hast du ein Beispiel?

Tom Einmal haben wir über die Hauptversammlung von Daimler berichtet. Da haben die Aktionäre unter anderem auch über einen neuen Namen abgestimmt. Eine Zeitlang hieß die Firma «DaimlerChrysler». Der Vorstand wollte den Namen in Daimler AG umändern. Manche Aktionäre wollten aber lieber den Namen Daimler-Benz haben, denn so hieß die Firma früher mal. Das wurde in der Hauptversammlung heiß diskutiert, weil das eine wichtige Sache für die Firma ist.

Tim Gehört eigentlich jedem Aktionär genau eine Aktie?

Tom Nein, die meisten haben mehrere. Das nennt sich dann ein «Aktienpaket». Und es sind auch nicht nur einzelne Personen, die Aktien besitzen. Banken gehören häufig große Aktienpakete. Eine Firma kann auch von einer anderen Firma Aktienpakete kaufen. Je mehr Aktien eine Person oder eine Bank oder eine Firma besitzt, desto mehr hat sie in der Hauptversammlung zu sagen.

Haushalt

Tim Was meinen Politiker, wenn sie von einem «Haushalt» sprechen? Da geht's doch nicht ums Putzen und Kochen, oder?

TOM Nein, geputzt und gekocht wird im privaten Haushalt, also bei dir oder bei uns zu Hause. Die Politiker meinen den Staatshaushalt. Und da muss jedes Jahr geplant werden, wie viel Geld für was ausgegeben wird.

Tim Ist das dann so was wie das Haushaltsgeld in der Familie?

TOM Ja, das ist im Grunde dasselbe. Im privaten Haushalt rechnet eine Familie aus, wie viel Geld für Miete, Auto, Essen, Urlaub und so weiter ausgegeben werden kann. Im Staatshaushalt wird das Geld auch auf verschiedene Bereiche verteilt: zum Beispiel die Renten, die Arbeitslosenhilfe, der Umweltschutz, die Forschung und so weiter.

Tim Und wer entscheidet, wofür am meisten Geld ausgegeben wird?

TOM Darüber wird manchmal innerhalb der Regierung gestritten. Die einen sagen: «Wir müssen mehr für den Umweltschutz ausgeben!» Die anderen sagen: «Nein, wir müssen mehr Geld für die Forschung ausgeben!» Und wieder andere sagen: «Wir können für beides überhaupt kein Geld ausgeben, sondern müssen erst mal die Renten bezahlen.» Jeder Minister versucht für den Bereich, für den er zuständig ist, mehr Geld zu fordern.

Tim Ist das dann die Haushaltsdebatte? Das Wort kommt ja in den Nachrichten auch immer wieder vor.

TOM Nein, die Haushaltsdebatte gibt es erst, nachdem sich die Regierung geeinigt hat. Dann legt sie den sogenannten Haushaltsentwurf dem Parlament vor. Und erst wenn die Mehrheit im Parlament diesen Entwurf gut

findet, gibt es einen gültigen Haushalt. Übrigens nehmen die Abgeordneten, die nicht in einer Regierungs-
partei sind (☞ Opposition), die Haushaltsdebatte
zum Anlass, die Regierung mal so richtig zu kritisieren
und zu sagen, was sie alles anders machen würden.

Tim **Warum denn gerade in der Haushaltsdebatte?**

TOM Weil da ja für alle möglichen Bereiche und Themen Geld
bewilligt werden soll. Also kann man auch über alle
möglichen Themen reden.

Tim **Wenn ich Politiker wäre, wüsste ich schon, für was ich
Geld ausgeben würde: für Fußballplätze!**

TOM Guter Vorschlag! Darum kümmert sich dann aber nicht
der große Bundeshaushalt, sondern der Haushalt in
deiner Stadt oder in deiner Gemeinde. Die verteilen in
ihrem Haushalt das Geld an alle Bereiche, die die Stadt
betreffen, zum Beispiel Spiel- oder Fußballplätze oder
Kindergärten.

Tim Was ist denn ein «Hurrikan»? Es hat irgendetwas mit Regen und Sturm zu tun – aber mehr weiß ich nicht.

Tom Ein Hurrikan ist ein extrem starker Sturm, bei dem sich der Wind im Kreis dreht. Deshalb nennt man ihn auch Wirbelsturm. Und je nachdem, über welchem Meer dieser Wirbelsturm entsteht, nennt man ihn Hurrikan, Taifun oder Zyklon.

Tim Ach so?

Tom Hurrikan heißen die Wirbelstürme, die vor der Küste der USA und Mexikos toben. Taifune sind, grob gesagt, Stürme vor Australien und Japan. Und Zyklone heißen die Wirbelstürme im Indischen Ozean.

Tim Aber ich habe in den Nachrichten mal von einem Hurrikan gehört, der hatte einen Mädchennamen … Ich glaube, Katrina.

Tom Richtig. Das kann ich dir erklären: Auf der ganzen Welt registrieren Meteorologen, also Wetterforscher, diese Wirbelstürme und beobachten sie mit Hilfe von Satellitenaufnahmen. Um sie auseinanderzuhalten, geben sie ihnen einfach Vornamen. Immer alphabetisch. Vom Wirbelsturm Katrina hast du deshalb so viel gehört, weil es ein sehr starker Sturm war, der 2005 jede Menge Schaden angerichtet hat.

Tim Aber warum? Ich denke, ein Hurrikan ist ein Sturm auf dem Meer.

Tom Er entsteht dort. Und zwar immer an Stellen, an denen das Meer ganz besonders warm ist und viel Wasser verdunstet. Das ist meistens im Sommer oder Frühherbst. Dann saugt sich die Luft fast wie ein Schwamm voll Wasser. Und weil sich die Erde dreht, bekommt dieser Schwamm dann einen gefährlichen Drehstoß, und die

Luft fängt an, sich wie ein riesiger Kreisel zu drehen,
und saugt immer mehr Wasser auf …

Tim **Wie groß ist denn dieser Kreisel?**

TOM Meistens mehr als hundert Kilometer. Deshalb lässt sich
so ein Wirbelsturm auch gut auf Satellitenfotos sehen.
Und normalerweise hört ein Hurrikan ganz schnell auf,
sich zu drehen, wenn er über Land ist, denn da kann er
kein Wasser mehr aufsaugen.

Tim **Und trotzdem machen manche Hurrikans viel kaputt?**

TOM Ja, der Hurrikan Katrina zum Beispiel ist sehr lange
übers Meer gewandert und immer größer und stärker
geworden. Als er dann an der Küste im Süden der USA
ankam, hatte er noch sehr viel Kraft und Wasser in sich.
Er hat Hunderte Häuser zerstört und Bäume entwurzelt.
Dabei sind ganz viele Menschen gestorben. Vor allem in
New Orleans, denn diese Stadt liegt in einer Landschaft,
die wie ein Becken ist, und weil der Sturm ja gewaltige
Wasser- und Regenmassen mitgebracht hat, gab es dort
schlimme Überschwemmungen.

Tim **Können denn die Wetterforscher nichts machen? Du hast**
doch gesagt, dass sich der Sturm auf ihren Satellitenfotos
gut beobachten lässt?

TOM Das, was sie tun können, tun sie. Sie warnen, damit die
Menschen sich rechtzeitig in Sicherheit bringen können.
Die Meteorologen sind nämlich in der Lage, den Weg,
den so ein Wirbelsturm nehmen wird, einigermaßen
vorauszusagen. Und sie können die Stärke absehen. Ein
Wirbelsturm mit der Stärke 1 ist nicht so gewaltig wie
einer mit der Stärke 5. Bei dem dreht sich nämlich der
Wind mit über 200 Kilometer in der Stunde im Kreis,
um das sogenannte Auge des Hurrikans. Das ist die Mit-
te dieses Wirbelsturmes, und da weht fast überhaupt
kein Wind.

Inflation

Tim   In den Nachrichten wurde gemeldet, dass die Gefahr einer «Inflation» besteht. Was ist das denn?

Tom   Das Wort «Inflation» kommt aus dem Lateinischen, und es bedeutet «das Aufblähen» oder «die Blähung».

Tim   Und wer oder was hat da eine Blähung?

Tom   Das Geld, das in Deutschland ausgegeben und eingenommen wird. Es ist bei einer Inflation insofern aufgebläht, dass zu viel davon da ist.

Tim   Ja, aber das ist doch toll! Dann kriegt jeder was von dem vielen Geld ab!

Tom   So einfach ist das leider nicht. Wenn zu viel Geld im Umlauf ist, dann besteht die Gefahr, dass es immer weniger wert ist.

Tim   Warum?

Tom   Das Geld muss auch einen bestimmten Gegenwert haben. Damit sind Waren – also Dinge, die man kaufen kann – gemeint. Stell dir mal den extremsten Fall vor: Du hast viel Geld, aber es gibt überhaupt keine Waren. Wie viel ist dein Geld dann noch wert?

Tim   Nicht viel.

Tom   Noch weniger: gar nichts. Geld ist nur so viel wert, wie dir jemand anders dafür an Waren gibt. Genau genommen, sind Geldscheine nur bedrucktes Papier. Sie werden allein dadurch wertvoll, dass wir wissen, wir können jederzeit etwas dafür kaufen. Wenn es nichts zu kaufen gibt, sind die Scheine wertlos.

Tim   Schreckliche Vorstellung. Aber was hat das mit Inflation zu tun?

Tom   Inflation heißt: Das Geld wird nicht völlig wertlos, weil es ja noch Waren gibt, die man dafür kaufen kann. Aber das Geld wird weniger wert.

Tim Das verstehe ich nicht so richtig.

Tom Du hast doch schon mal gesehen, wenn abends auf dem Markt der Rest vom Gemüse und Fisch und Fleisch billiger verkauft wird als morgens.

Tim Ja, meine Mutter hat mir erklärt, dass die Marktleute dann alles loswerden wollen, weil sie es sonst wieder mit nach Hause nehmen müssten. Manches würde auch schlecht.

Tom Genau. Sie können ihre Waren nur noch loswerden, wenn sie sie billiger verkaufen. Jetzt stell dir das umgekehrt vor: Jemand schenkt den Kunden auf dem Markt ganz viel Geld, aber das müssten sie an diesem Tag auf diesem Markt ausgeben. Was meinst du, was passiert?

Tim Alles wird teurer?

Tom Richtig. Es wäre zu viel Geld im Umlauf. Die Leute überbieten sich, weil sie für das viele Geld Waren kaufen wollen. Die knappen Waren wären mehr wert, das viele Geld weniger.

Tim Und deshalb steigen bei einer Inflation die Preise?

Tom Genau.

Tim Aber wo kommt denn das Geld her, das auf einmal zu viel in Umlauf ist?

Tom Häufig von den Zentralbanken. Die kontrollieren die sogenannte Geldmenge. Simpel gesagt: Sie können einfach mehr Geld drucken. Oder sie senken die Zinsen (☞ Leitzins). Und wenn man fürs Geldleihen nur ganz niedrige Zinsen bezahlen muss, dann schaffen sich sehr viele Menschen auf Pump große Dinge an, zum Beispiel ein Auto oder ein Haus. Wenn aber für das geborgte Geld noch gar keine Arbeitsleistung erbracht ist und wenn das ganz oft vorkommt, dann ist die vorhandene Geldmenge in einem Staat künstlich aufgebläht, es herrscht Inflation.

Tim Ich habe eine Frage: Was meinen Politiker, wenn sie von «Integration» sprechen? Ich glaube, dabei geht es oft auch um Ausländer.

TOM Integration – da nehmen wir am besten gleich noch das Wort «integrieren» dazu, dann lässt es sich besser erklären. «Integrieren» kann man häufig mit dem Wort «eingliedern» ersetzen. Weißt du noch, wie das war, als du von der Grundschule ins Gymnasium gewechselt bist?

Tim Klar! Die Schule habe ich mir selber ausgesucht. Ich wollte da unbedingt hin.

TOM Da bist du als neuer Schüler oder als Fünftklässler auch in deine neue Schule integriert worden – also von den Lehrern und von den älteren Schülern, die dir vielleicht die Schule gezeigt und die Regeln erklärt haben, oder?

Tim Ja, genau so war es. Am Anfang kam ich mir da schon ein bisschen verloren vor.

TOM Aber nach einer Weile bist du dann ganz selbstverständlich dorthin gegangen und hast dich wohl gefühlt?

Tim Ja, schon. Ich habe ein paar Freunde gefunden, und jetzt spiele ich auch in der Fußballmannschaft mit.

TOM Siehst du, da warst du dann «integriert» oder auch in die neue Schule und in deine Klasse «eingegliedert». Du bist also ein Teil davon geworden, wobei das noch ziemlich einfach war, weil ja alle Schüler in deiner Klasse neu auf dieser Schule waren. Ihr hattet etwas, was euch verbunden hat: Ihr wart alle neu und alle gleich unsicher. Schwieriger ist es, wenn jetzt ein neuer Schüler in deine Klasse kommt. Wenn ihr nett seid, dann helft ihr ihm, sich zu integrieren. Das Wort «Integration» kommt übrigens aus dem Lateinischen, und übersetzt bedeutet

es «Wiederherstellung eines Ganzen». Das «Ganze» ist in diesem Fall eure Klassengemeinschaft. Und wenn ein neuer Mitschüler irgendwann nicht mehr der «Neue» ist, sondern ganz normal dazugehört – dann ist die Integration geschafft!

Tim Okay, ich habe es verstanden. Ich «integriere» das jetzt in meinen Kopf ...

Kabinett

Tim Was ist gemeint, wenn ihr vom «Kabinett» redet? Ich kenne nur das Spiegelkabinett auf dem Volksfest.

Tom Und? Warst du da schon mal drin?

Tim Ja, es war ganz schön eng, und keiner wusste so richtig, wo es langgeht.

Tom Tja, so ist es im Bundeskabinett manchmal auch. Das Wort «Kabinett» kommt aus dem Französischen und heißt eigentlich «Nebenzimmer» oder «Beratungszimmer». Da hat sich früher ein Fürst mit seinen engsten Vertrauten getroffen.

Tim Und so ein Zimmer gibt es in Berlin auch?

Tom Ja, so was Ähnliches. Nur wird heutzutage nicht mehr das Zimmer Kabinett genannt, sondern die Leute, die sich dort treffen. Das ist die Regierung, also die Bundeskanzlerin und ihre Minister. Jeder Minister hat sein eigenes Spezialgebiet. Zum Beispiel gibt es den Arbeitsminister, den Verteidigungsminister, den Innenminister, die Familienministerin und so weiter. Von denen hast du bestimmt schon mal gehört, oder?

Tim Ja, das habe ich.

Tom Und all diese Minister und die Bundeskanzlerin zusammen bilden «das Kabinett». Wenn die sich treffen, bleiben die Türen zu. Keine Kamera darf filmen, und keine Mikrofone dürfen aufnehmen, was da besprochen wird.

Tim Oh – sind das denn immer so große Geheimnisse?

Tom Na, zumindest wollen sich die Kabinettsmitglieder erst mal untereinander austauschen, sich beraten und einigen, wenn es um neue Gesetze oder Pläne geht. Erst danach erfahren es alle anderen.

Tim Dann wäre es aber schon besser, wenn man sich im Bundeskabinett nicht verirrt, so wie im Spiegelkabinett.

TOM Nein, das tun sie ja zum Glück meistens nicht, die finden schon ihre Stühle. Aber manchmal verirren sie sich sozusagen im Gestrüpp ihrer Wortbeiträge.

Tim Gut, dann weiß ich jetzt Bescheid. Wenn sich das Kabinett trifft, dann reden die wichtigsten Leute aus der Regierung über ganz wichtige Dinge.

Tim Hallo, Tom! Sag mal, ist es bei dir heute auch so heiß?

TOM Hallo, Tim! Ja, draußen brennt die Sonne, aber im Studio haben wir eine Klimaanlage. Aber deswegen rufst du doch nicht an, oder?

Tim Doch, vielleicht schon. In der Eisdiele haben sie sich über das gute Wetter gefreut und gesagt, das käme vom «Klimawandel». Was heißt das denn genau?

TOM Da muss ich ein bisschen ausholen. Du hast gerade vom Wetter gesprochen. Damit ist ja gemeint, wie es im Moment draußen aussieht, also wie warm oder kalt es ist, ob es regnet oder die Sonne scheint. Das Wort «Klima» dagegen kommt aus dem Griechischen und bedeutet übersetzt etwa so viel wie «Mittelwert». Dafür werden über einen längeren Zeitraum in einem bestimmten Gebiet die Temperatur, der Niederschlag, die Luftfeuchtigkeit, der Luftdruck und der Wind gemessen.

Tim Also ist das Wetter wie ein einzelnes Foto und das Klima wie eine lange Videoaufnahme?

TOM So ungefähr könnte man das ausdrücken. Wenn du sagst: «Es ist 30 Grad heiß in Deutschland», dann meinst du das Wetter jetzt im Moment. Wenn du sagst: «In Deutschland schwanken die Temperaturen zwischen unter 0 Grad im Winter und über 30 Grad im Sommer», dann redest du über das Klima.

Tim Okay, verstanden. Und was heißt jetzt Klimawandel?

TOM Wandel heißt ganz einfach Veränderung. Also, dass es vielleicht in 100 Jahren heißen könnte: «In Deutschland friert es im Winter kaum noch, und im Sommer wird es oft brütend heiß.»

Tim Ich freu mich eigentlich schon, wenn's warm ist und die Freibäder länger offen haben. Aber wenn es andauernd

wärmer wird und immer heißer, schwitzen wir uns ja irgendwann zu Tode.

TOM Das ist allerdings eine Gefahr. Der Gletscher auf der Zugspitze ist in den letzten 100 Jahren um 90 Prozent abgeschmolzen. Das ist der höchste Berg Deutschlands, und hoch oben ist es eigentlich so kalt, dass das Eis kaum schmilzt. Aber das tut es in letzter Zeit, besonders schnell in den letzten 25 Jahren.

Tim Und da gucken wir einfach so zu? Woher kommt denn der Klimawandel? Kann man da gar nichts tun?

TOM Klimawandel hat es in der Geschichte der Erde eigentlich immer gegeben. Du hast in der Schule sicher mal von der Eiszeit gehört. Dafür gab es ganz natürliche Gründe. Heutzutage trägt aber der Mensch immer mehr Schuld am Klimawandel. Fabriken, Kraftwerke und Autos, auch unsere Klimaanlagen und Heizungen verpesten die Luft. Wälder und ganze Urwälder werden abgeholzt, der Flugverkehr hat weltweit enorm zugenommen, das alles verursacht mit die zunehmende Erwärmung ($\Rightarrow CO_2$).

Tim Okay, wenn wir also an dem Schlamassel schuld sind, können wir doch was tun, oder? Weniger Auto fahren und weniger fliegen? Oder einfach mit der Natur rücksichtsvoller umgehen!

TOM Das ist schon mal ein guter Anfang. In vielen Ländern denken die Politiker über hilfreiche Maßnahmen nach. Und auch weltweit gibt es Gespräche und Konferenzen ($\Rightarrow$ Kyoto-Protokoll).

Tim Ich verstehe. Der Klimawandel ist da, aber es liegt an uns, was weiter passiert.

Tim In den Nachrichten habe ich gehört, dass es bald einen «Koalitionsausschuss» geben wird und dass der ganz wichtig ist. Was ist das denn?

Tom Am besten fangen wir erst mal bei dem schwierigen Wort an – ein Ausschuss hat nämlich nichts mit Schießen zu tun. Ein Ausschuss ist eine Versammlung von ganz bestimmten Leuten. In diesem Fall sind das Leute aus der «Koalition». Und Koalition heißt eigentlich nur so viel wie «Vereinigung» oder «Zusammenschluss». Koalition ist in Deutschland oft auch ein anderes Wort für Regierung, weil meistens nicht eine Partei allein die Regierung stellt. So wird unser Land im Moment zum Beispiel von einer Koalition, also einem Zusammenschluss, von Politikern aus der CDU/CSU (☞ CDU/CSU) und aus der SPD regiert. Das sind die größten Parteien in Deutschland. Deswegen spricht der Nachrichtensprecher auch oft von der «Großen Koalition».

Tim Ah! Das hab ich schon mal gehört!

Tom Das Problem ist nur, dass die beiden Parteien sich im Grunde nicht so gern mögen und nur ungern zusammenarbeiten. Im Moment regieren sie aber zusammen, sodass sie auch zusammen Entscheidungen treffen müssen.

Tim Und was hat das jetzt mit dem Koalitionsausschuss zu tun?

Tom Ich erkläre es dir am besten mit einem Beispiel aus der Schule: Stell dir vor, dein Lehrer sagt, dass ihr in diesem Schuljahr eine tolle Klassenfahrt machen dürft. Es ist nur noch nicht ganz raus, wohin. Zur Auswahl stehen München und Österreich, wo ihr Kanu fahren könnt.

Tim O super, ich will nach Österreich! Berge finde ich toll!

TOM Aber der Lehrer sagt auch, dass ihr die Fahrt nicht alleine machen könnt, sondern nur zusammen mit der 7c. So wird es für die Schule billiger.

Tim Was??? Mit der 7c??? Die ist doof! Da sind so viele Mädchen drin, und die nerven uns immer!

TOM Jetzt müsst ihr euch aber trotzdem alle zusammenraufen und zusammen entscheiden, wo die Reise hingehen soll. Der Lehrer hat das nun mal so bestimmt. Aber ihr habt ja alle das gleiche Ziel: die tolle Klassenfahrt.

Tim Ja schon, aber die Mädchen aus der 7c wollen bestimmt alle nach München zum Shoppen. Und mit denen kann man doch auch nix besprechen, die gackern nur durcheinander.

TOM Na gut, dann könnten eure beiden Klassen ja einen «Klassenfahrtausschuss» gründen. Der besteht aus den «wichtigsten» Leuten aus euren Klassen: die Klassenlehrer und die Klassensprecher. Die setzen sich ohne die anderen Schüler zusammen und beraten, was denn für die Fahrt nach München und was für Österreich sprechen würde. Mit dem, was da besprochen wurde, gehen die Klassensprecher dann zurück in ihre Klassen. Angenommen, ihr habt euch auf München geeinigt, weil man da nicht nur shoppen, sondern auch in tolle Filmstudios und in die Allianz-Arena gehen kann. Dann erklären die Klassensprecher das den anderen Schülern, und bei der Abstimmung am Schluss ist die Mehrheit in beiden Klassen für München als Reiseziel.

Tim Ah, jetzt verstehe ich das. Und so ist das auch in der Koalition?

TOM So ähnlich zumindest.

Tim Mir fällt auf, dass ziemlich oft über das Land «Kuba» berichtet wird. Wo ist denn dieses Kuba überhaupt?

TOM Kuba ist eine Insel im Norden der Karibik, also in Mittelamerika. Da ist es das ganze Jahr lang schön warm, es gibt viele Strände. Außerdem wächst dort Tabak sehr gut und Zuckerrohr. Für seine Zigarren und den Rum aus Zuckerrohr ist Kuba auf der ganzen Welt berühmt.

Tim Aha, aber deshalb ist Kuba doch nicht ständig in den Nachrichten?

TOM Nein, das hat mit der Geschichte Kubas zu tun und der Art und Weise, wie dieses Land heute regiert wird. Vor mehr als 100 Jahren gehörte Kuba mal zu den USA. Dann haben die Amerikaner gesagt: Kuba darf unabhängig sein. Nach und nach gab es aber Zoff zwischen Kuba und den USA, weil sich die Amerikaner in die Angelegenheiten des Landes, vor allem in die Wirtschaftsangelegenheiten, eingemischt haben. Aus dieser Zeit stammt auch noch der Stützpunkt von amerikanischen Soldaten auf Kuba, den es bis heute gibt, nämlich Guantánamo.

Tim Von diesem Guantánamo habe ich schon mal gehört. Das ist doch so ein Gefängnis.

TOM Ja – unter anderem. Dieser Militärstützpunkt ist wie ein kleines Stück USA in einem fremden Land. Und so haben die Amerikaner dort auch ein Gefängnis. Darin halten sie Menschen gefangen, von denen sie glauben, sie würden Amerika schaden. Aber die Insassen dort haben so gut wie keine Rechte. Sie wissen noch nicht einmal, wie lange sie noch gefangen gehalten werden oder ob sie jemals vor ein Gericht kommen. Deshalb taucht dieses Gefängnis in Guantánamo immer wieder in den Nachrichten auf.

Tim Und wie ging damals die Geschichte mit Kuba weiter?

TOM Vor fast 60 Jahren riss Fidel Castro mit einer kleinen Mannschaft von Kämpfern die Macht an sich. Und seitdem führt er diesen Staat kommunistisch.

Tim Kommu... was?

TOM Kommunistisch. Das heißt: In Kuba gibt es nur eine einzige Partei. Alle Betriebe und Firmen sind unter staatlicher Leitung. Das bedeutet, das Geld, das Firmen mit Rum oder Hotels mit den Urlaubern verdienen, gehört alles dem Staat (☞ Sozialismus). Und das Staatsoberhaupt kann auf Kuba fast alles bestimmen. Bald 60 Jahre lang war das Fidel Castro. Als er vor einiger Zeit sehr krank wurde, hat er seinem Bruder Raúl die Verantwortung übergeben. Der ist inzwischen auch offizielles Staatsoberhaupt.

Tim Und wie geht es mit Kuba jetzt weiter?

TOM Das ist die spannende Frage. Denn die Menschen auf Kuba sind sehr arm. Außerdem haben die USA, weil sie im Streit mit Kuba sind, schon seit vielen Jahren verboten, dass Produkte von dort in den USA verkauft werden. Jeder möchte natürlich wissen, ob Kuba weiter so abgeschottet bleibt oder ob sich daran etwas ändert. Und wenn das so ist, hörst du es bei uns in den TAGES-THEMEN.

Kyoto-Protokoll

Tim In den TAGESTHEMEN sprecht ihr öfter mal über das Kiii… das Küüü… das «Kyoto-Protokoll». Das ist ein ganz schön schweres Wort, und ich habe keine Ahnung, was es bedeuten könnte.

TOM Kein Problem, das erkläre ich dir. Kyoto ist eine Stadt in Japan. Weißt du, was ein Protokoll ist? Zum Beispiel aus der Schule?

Tim Ja, ich glaube schon. Bei einem Protokoll muss man die ganze Schulstunde mitschreiben.

TOM Stimmt genau! Ein Protokoll ist einfach eine schriftliche Zusammenfassung. In Kyoto haben sich vor ein paar Jahren Politiker aus vielen verschiedenen Ländern getroffen und beraten, wie man die Umwelt und das Klima schützen kann. Diese Konferenz war eine Idee der UNO, der «Vereinten Nationen» (☞ UNO). Und was die Politiker damals bei diesem Treffen zum Klimaschutz beschlossen haben, das wurde im Kyoto-Protokoll zusammengefasst.

Tim Geht es da also um den Klimawandel? Den hast du mir ja schon mal erklärt (☞ Klimawandel).

TOM Ganz genau. Die Politiker wollen erreichen, dass der Klimawandel nicht mehr ganz so schnell voranschreitet.

Tim Was steht denn in dem Protokoll?

TOM Unter anderem verpflichten sich die Länder darin, weniger Treibhausgase zu produzieren. Das sind schädliche Gase, die bewirken, dass die Erde immer wärmer wird, bis es irgendwann auf der ganzen Welt so warm ist wie in einem Treibhaus (☞ CO_2). Fabriken pusten diese Treibhausgase zum Beispiel aus ihren Schornsteinen. Die Länder, die viele Fabriken haben, nennt man «Industrieländer». Deutschland gehört auch dazu.

Die Industrieländer produzieren ganz viele wichtige Waren und sind reich. Die anderen Länder erwarten deshalb, dass sie sich am meisten anstrengen, um diese Treibhausgase zu senken. Deutschland hat das schon versprochen. Im Kyoto-Protokoll steht außerdem, dass Fabriken bezahlen müssen, wenn sie mehr von diesen Gasen produzieren als erlaubt ist. Und es sieht vor, dass die reichen Länder die ärmeren Entwicklungsländer beim Klimaschutz unterstützen. Das heißt, man könnte das Kyoto-Protokoll im Grunde auch «Kyoto-Vertrag» nennen.

Tim Und machen da alle Länder der Welt mit?

Tom Genau da liegt das Problem. Da sind eben nicht alle Länder dabei. Die USA haben zum Beispiel dem Kyoto-Protokoll nie zugestimmt. Also haben sie sich auch nicht verpflichtet, die Vorgaben einzuhalten und weniger Treibhausgase zu produzieren. Das ist sehr schade, denn das Kyoto-Protokoll sollte ein Zeichen dafür sein, dass die ganze Welt bei so einer wichtigen Sache wie dem Klima an einem Strang ziehen muss.

Leitzins

Tim In den Nachrichten redet ihr immer wieder vom «Leitzins». Und dass der angehoben oder gesenkt wird. Was ist denn ein Leitzins?

TOM Da muss ich dir erst mal erklären, was Zinsen sind. Anstatt Zinsen könnte man auch sagen «Miete für Geld» oder so ähnlich. Du hast doch sicher ein Sparbuch, oder?

Tim Ja. Das haben mir meine Eltern mal geschenkt, und immer, wenn mir Oma oder Opa Geld zustecken, dann zahle ich das da ein. Davon kaufe ich mir nächstes Jahr ein neues Fahrrad.

TOM Und bleibt das Geld auf dem Sparbuch immer gleich?

Tim Nein, die Frau von der Bank hat mir erklärt, dass es immer ein bisschen mehr wird.

TOM Ah, siehst du! Das, was da immer ein bisschen mehr wird oder dazukommt, das ist der Zins. Den zahlt dir die Bank dafür, dass du ihr dein Geld eine Zeitlang überlässt, es ihr praktisch ausleihst. Das Ganze funktioniert aber auch andersherum.

Tim Wie denn das?

TOM Zum Beispiel, wenn deine Eltern sich ein neues Auto kaufen wollen und nicht das Geld haben, es sofort ganz zu bezahlen. Dann pumpen sie sich für den Autokauf vielleicht Geld von der Bank und bezahlen dafür Zinsen. Aber die Bank, die deinen Eltern das Geld ausleiht, muss sich ja selbst auch erst mal irgendwo Geld borgen, damit sie das deinen Eltern weiterverleihen kann. Sie muss dafür natürlich genauso Zinsen bezahlen, und zwar bei so einer Art «Oberbank». Die nennt sich «Europäische Zentralbank» (EZB), und die Zinsen, die sie von den anderen Banken verlangt, richten sich nach dem Leitzins. Den bestimmt sie selber.

Tim Verstehe. Und wieso steigt manchmal der Leitzins und manchmal fällt er?

Tom Das kommt darauf an, was die Europäische Zentralbank für richtig hält. Denn die entscheidet ganz allein über die Höhe des Leitzinses, da darf ihr keiner reinreden. Auch keine Regierung. Der Europäischen Zentralbank ist es vor allem wichtig, dass die Preise nicht zu sehr steigen, zum Beispiel für Autos, die Miete eurer Wohnung oder für dein Brötchen in der Pause.

Tim Ich finde es auch blöd, wenn die Preise steigen. Dann wird ja alles teurer!

Tom Ja, das stimmt. Aber die Europäische Zentralbank findet steigende Preise vor allem deswegen nicht gut, weil dann immer mehr Geld in Umlauf ist. Das habe ich dir schon mal erklärt (☞ Inflation).

Tim Und was hat das mit dem Leitzins zu tun?

Tom Wenn die Zentralbank merkt, dass die Preise schneller steigen, als sie will – gut findet sie knapp zwei Prozent Preissteigerung im Jahr –, wenn die Preise also höher steigen als das, dann hebt sie den Leitzins an.

Tim Und nach dem müssen sich dann unsere Bank und alle anderen Banken richten?

Tom Sie müssen nicht, aber sie tun es fast automatisch, weil sie ja sonst Geld verlieren. Denn wie gesagt: Wenn eure Bank deinen Eltern Geld für ein neues Auto leiht, dann muss sie sich das erst mal selbst borgen, und sie bezahlt dafür Zinsen, die sich nach dem Leitzins richten. Meinst du, sie würde deinen Eltern das Geld weiterverleihen und weniger Zinsen nehmen, als sie selbst dafür bezahlt?

Tim Bestimmt nicht, dann wäre sie ja schön blöd.

Tom Eben. Sie wird etwas höhere Zinsen von deinen Eltern verlangen, als sie selbst bezahlt. Sie will ja was verdienen.

Tim Und wieso wirkt sich das alles auf die Preise aus?

TOM Je höher der Leitzins steigt, desto teurer ist es, sich Geld zu leihen. Dann tun das weniger Leute, und deshalb wird dann auch weniger gekauft. Das drückt auf die Preise. Wenn es funktioniert, steigen die dann nicht mehr so schnell.

Tim Ach so, unser Bäcker lässt dann die Preise lieber, wie sie sind, weil sonst ja noch weniger Leute seine Brötchen kaufen.

TOM Ganz genau! Die Europäische Zentralbank kann den Leitzins aber auch senken, wenn sie zum Beispiel merkt, dass kaum noch jemand einkaufen geht. Dann versucht sie, die Wirtschaft mit Zinssenkungen wieder in Schwung zu bringen. Dann wird geliehenes Geld billiger, es wird mehr gekauft, und den Firmen geht's dadurch auch besser.

Tim Den Firmen? Wieso das?

TOM Wenn Firmen wachsen wollen, dann brauchen sie von Zeit zu Zeit neues Geld. Sagen wir mal, ein Fahrradhersteller hat eine tolle Idee für ein neues Mountainbike. Aber um das zu bauen, bräuchte er neue Maschinen, und er müsste ein Dutzend neue Leute einstellen. Das Geld für die neuen Maschinen und die neuen Mitarbeiter muss der Hersteller vorschießen. Er kann das Bike ja erst verkaufen und Geld damit verdienen, wenn es gebaut ist. Also geht er zur Bank und leiht sich das Geld. Das macht er natürlich eher dann, wenn die Zinsen niedrig sind.

Tim Das heißt, ob die Zinsen steigen oder fallen, ist also nicht unbedingt gut, aber auch nicht unbedingt schlecht?

TOM Es kommt immer darauf an, wen man fragt. Wer Schulden machen will und dafür Zinsen bezahlt, der freut sich natürlich über niedrige Zinsen. Wer Geld auf dem Sparbuch hat und die Zinsen bekommt, der will natürlich, dass die Zinsen hoch sind.

Lobbyisten

Tim Man hört häufiger, dass sich «die Lobbyisten immer mehr im Parlament breitmachen». Wer sind denn diese «Lobbyisten»? Und warum haben die so einen komischen Namen?

Tom «Lobbyisten» kommt vom englischen Wort «Lobby». Eine Lobby ist eine Vorhalle, so was gibt es zum Beispiel in Hotels. Das ist der Eingangsbereich, da stehen oft Sessel und Tische herum. Eine Lobby bzw. eine Vorhalle hat aber auch ein Parlamentsgebäude. Dort konnte früher jeder reinspazieren, und deshalb haben sich da Außenstehende mit den Abgeordneten getroffen.

Tim Und was machen die Lobbyisten?

Tom Lobbyisten sind Leute, die im Auftrag von großen Firmen, Vereinen oder anderen Gruppen Politiker kennenlernen wollen, um sie zu beeinflussen.

Tim Was hat denn ein Politiker von so einem Lobbyisten? Den kann er doch einfach abwimmeln, wenn er ihn vollquatscht.

Tom Ja, das könnte er. Manchmal hat dieser Lobbyist aber auch interessante Informationen für ihn, denn er muss ja wichtige Entscheidungen treffen. Und je besser sich die Politiker auskennen, desto leichter tun sie sich dann anschließend mit einer Entscheidung. Auf der anderen Seite sehen genau da die Lobbyisten ihre Chance, ein bisschen auf die Politiker einzuwirken. Denn natürlich erzählen die Lobbyisten vor allem solche Dinge, die ihnen oder ihren Auftraggebern nützen. Sie wollen die Gesetze beeinflussen. Ich wette, dass du auch Lobbyisten kennst.

Tim Ich? Nee, ich kenn doch keine Lobbyisten.

Tom Doch! Der ADAC hat zum Beispiel auch Lobbyisten.

Tim Echt? Aber die reparieren doch kaputte Autos auf der Autobahn?

TOM Stimmt, aber der ADAC ist ja nicht nur dafür da, um bei einer Panne zu helfen. Er hat auch viele Experten für alles, was mit Autofahren zu tun hat. Im Grunde ist der ADAC so etwas wie der Klassensprecher für Millionen von Autofahrern.

Tim Ein Klassensprecher für Autofahrer?

TOM In gewisser Weise ja, jedenfalls für alle, die bei ihm Mitglied sind. Der ADAC-Lobbyist geht dann stellvertretend für die Mitglieder nach Berlin und trifft sich mit Politikern. Er bietet seinen Rat an, wenn die Abgeordneten zum Beispiel darüber diskutieren, wo neue Autobahnen gebaut werden sollen.

Tim Aber wenn es um eine Autobahn geht, dann sollten die Politiker doch nicht nur auf die Autofahrer hören?

TOM Genau. Das ist ein wichtiger Punkt. Deshalb gibt es auch Lobbyisten von anderen Vereinen und Verbänden, zum Beispiel von Umweltorganisationen.

Tim Dann ist das doch eine gute Sache, oder? So ist der Politiker gut informiert, bevor er sich entscheidet.

TOM Theoretisch ja. Aber viele kritisieren diesen Lobbyismus. Denn große Firmen haben für ihre Lobbyisten extra eigene Büros in Berlin, und kleinere Vereine können sich noch nicht einmal die Fahrt dorthin leisten. Lobbys sind also unterschiedlich mächtig. Manchmal geht es dabei auch nicht mit rechten Dingen zu: Wenn zum Beispiel der Lobbyist dem Politiker Geld geben will, um ihn noch mehr zu beeinflussen (☞ Schmiergeld).

Tim Ha, dann hoffe ich aber, dass der Politiker das Geld nicht annimmt. Und hoffentlich ist er schlau genug, um zu merken, wenn der Lobbyist ihn anflunkert.

Tim Was bedeutet denn eigentlich «Mehrwertsteuer»? Wird denn durch die Steuer etwas «mehr wert»?

TOM «Mehr wert» ist leider nichts geworden, nur teurer. Allerdings kassiert die Steuer ja der Staat und finanziert damit einen großen Teil seiner Ausgaben, also haben wir dann im Endeffekt wieder was davon. Ursprünglich bedeutet Mehrwertsteuer tatsächlich eine Steuer auf zum Beispiel eine Ware, deren Preis beim Verkauf höher ist als beim Einkauf.

Tim Hä? Das verstehe ich nicht. Hast du ein Beispiel?

TOM Wenn der Gemüsehändler beim Bauern Kartoffeln für fünf Euro einkauft und sie dann in seinem Laden zum doppelten Preis verkauft, haben die Kartoffeln ja sozusagen an Wert gewonnen. Sie wurden für fünf Euro eingekauft und für zehn Euro verkauft – der Mehrwert wäre also fünf Euro, der Betrag zwischen dem Einkaufspreis beim Bauern und dem Verkaufspreis vom Gemüsehändler. Auf diesen «Mehrwert» wird dann die Mehrwertsteuer erhoben.

Tim Aber wer bezahlt die Mehrwertsteuer?

TOM Wir, also die Kunden! Bei allem, was wir kaufen, ist im Preis die Mehrwertsteuer enthalten. Gemeint ist heutzutage aber mit dem Begriff Mehrwertsteuer eigentlich immer die Umsatzsteuer, das Wort wird also falsch benutzt.

Tim Oje, was ist das schon wieder für eine Steuer? Wer oder was wird da umgesetzt?

TOM Umsetzen bedeutet in diesem Fall so was wie «tauschen». Umgesetzt oder getauscht werden Waren oder Arbeit gegen Geld. Du gehst zum Friseur, der schneidet dir die Haare und bekommt dafür dein Geld. Umsatzsteuer ist hier der richtige Begriff, nur wird meistens Mehrwertsteuer benutzt.

Tim **Beim Friseur zahlt man auch Steuern?**

TOM Ja, natürlich. Wenn du einen Hamburger, einen Comic oder einen Kaugummi kaufst, dann ist da eine Mehrwertsteuer enthalten.

Tim **Und wie viel ist das?**

TOM In Deutschland zahlt man meistens 19 Prozent, aber bei Büchern und Lebensmitteln sind es nur 7 Prozent, weil die zu den Dingen gehören, die der Mensch am dringendsten braucht. Und wenn man zum Arzt geht, bezahlt man überhaupt keine Mehrwertsteuer, weil Hilfe vom Arzt sozusagen unerlässlich ist. Man kann nicht darauf verzichten, sie ist lebensnotwendig.

Tim **Woher weiß man denn, wie viel Mehrwertsteuer auf etwas drauf ist?**

TOM Wenn du zum Beispiel mit deinen Eltern in ein Lokal gehst, dann schau mal auf die Rechnung oder die Quittung, die ihr bekommt. Da steht immer drauf, wie viel Mehrwertsteuer enthalten ist. So ist das auch beim Kassenzettel im Supermarkt oder an der Tankstelle.

Tim **Aber wenn wir die Steuer im Laden bezahlen oder an der Tankstelle – wie kommt sie dann zum Staat?**

TOM Das macht der Verkäufer bzw. der Unternehmer. Der muss die Steuer wieder von seinen Einnahmen abziehen und sie dann an das Finanzamt weitergeben.

Tim **Ist das denn gerecht? Dass man bei allem immer Steuern zahlen muss?**

TOM Wir müssen so viel Steuern zahlen, wie wir auch vom Staat haben wollen. Wenn wir wollen, dass die Straßen im Top-Zustand sind, dass die Armen bei uns einen Ausgleich bekommen, damit sie nicht hungern, dass genug Lehrer eingestellt werden, damit die Klassen nicht aus allen Nähten platzen – dann müssen wir das bezahlen. Das funktioniert aber auch umgekehrt: Wenn wir weniger Steuern bezahlen wollen, dann müssen wir uns fragen, auf welche Leistungen wir denn verzichten wollen. Das zu entscheiden, das ist Politik. Aber eines kann ich dir jetzt schon vorhersagen: Wenn du groß bist, wirst du dich noch wundern, was es alles für Steuern gibt.

Tim Und wenn ich mein ganzes Geld spare und nix ausgebe?

Tom Wenn du genug Geld zusammenhast, kannst du ja drin baden, so wie Dagobert Duck. Aber Spaß beiseite, wahrscheinlich wirst du es eher auf die Bank bringen. Die gibt dir nämlich Zinsen dafür. Und jetzt rate mal: Auf diese Zinsen musst du dann auch wieder Steuern zahlen. Und irgendwann machst du dann doch wieder eine größere Anschaffung und zahlst dann dafür Mehrwertsteuer.

Tim Ich habe verstanden: Der Steuer entkommt niemand!

Tom Stimmt genau. Du bist vorbereitet aufs Erwachsenwerden!

Menschenrechte

Tim Es wird oft von Ländern berichtet, die die «Menschenrechte» verletzen. Was ist denn mit Menschenrechten
überhaupt gemeint?

TOM Ein Recht auf etwas zu haben bedeutet, dass du etwas
Bestimmtes haben oder machen darfst. Niemand darf
es dir verbieten oder wegnehmen. Menschenrechte sind
Rechte, die jeder Mensch allein dadurch hat, dass er ein
Mensch ist. Du, ich, deine Eltern, aber auch jedes Kind
in Afrika, jede Frau in Südamerika und jeder Eskimo am
Nordpol.

Tim Und was sind meine Menschenrechte? Darf ich immer
Süßigkeiten essen, wann ich will, oder immer so lang
fernsehen, wie ich will?

TOM Nein, das gehört nicht zu den Menschenrechten. Das
wäre ja auch nicht gut für dich. Das wichtigste Menschenrecht ist das Recht auf Leben. Dein Leben darf dir
keiner wegnehmen. Außerdem hast du das Recht auf
deine eigene Meinung. Niemand kann dir vorschreiben,
was du zu denken hast. Du kannst zum Beispiel offen
sagen: Ich finde es doof, dass man in Deutschland erst
ab 18 Jahren wählen darf. Das kannst du sogar der Bundeskanzlerin schreiben.

Tim Gelten diese Rechte immer und überall?

TOM Die westlichen Demokratien sind der Meinung, dass
jeder mit diesen Rechten geboren wird, dass sie also
immer und überall gelten sollten. Deshalb versuchen
sie auch zu erreichen, dass die Menschenrechte in allen
Ländern beachtet werden.

Tim Und wie machen sie das?

TOM Viele Länder haben eine Art Vertrag unterschrieben,
dass sie die Menschenrechte anerkennen und respek-

tieren. Deutschland hat diese Rechte in sein aller-wichtigstes und oberstes Gesetz, in das Grundgesetz, reingeschrieben (☞ Bundesverfassungsgericht). Somit wissen alle Menschen in Deutschland, vom Straßenkehrer bis zur Bundeskanzlerin, wie wichtig sie sind und dass sie bestimmte Rechte haben, auf die sie pochen können.

Tim Und wer passt auf, dass die Menschenrechte eingehalten werden? Macht das die Polizei?

Tom Manchmal schon, jedenfalls bei uns. In einem demokra-tischen Rechtsstaat kann man sich an die Gerichte wen-den, wenn man das Gefühl hat, in seinen Grundrechten eingeschränkt zu sein. Wenn zum Beispiel jemand friedlich für seine Meinung demonstrieren möchte und ein anderer will ihn daran hindern, dann kann es sein, dass die Polizei diese Demonstration schützt.

Tim Ist das in allen Ländern so?

Tom Nein, es gibt Länder, da hindert die Polizei die Men-schen daran, ihre Meinung zu sagen. In Diktaturen ist das so (☞ Diktatur). Dann kann man manchmal von außen Druck ausüben. Zum Beispiel durch ein Embargo (☞ Embargo). Das Wichtigste ist aber erst mal, dass diese Menschenrechtsverletzungen überhaupt raus-kommen. Darauf achtet zum Beispiel die UNO, also die Vereinten Nationen (☞ UNO). Auf der ganzen Welt sind Leute verteilt, die darauf aufpassen, dass die Men-schenrechte eingehalten werden. Die schreiben dann Berichte und sagen auch, wenn sie es nicht gut finden, wie Menschen in manchen Ländern behandelt werden.

Tim In welchen Ländern denn?

Tom Viele Politiker sagen immer wieder, dass China so ein Land sei.

Tim Kriegt China deswegen Ärger?

TOM Andere Länder sprechen China durchaus oft darauf an.
Ab und zu ist es auch schon passiert, dass sich Länder
zum Guten verändert haben und die Menschen dort
jetzt besser leben.

Migration

Tim Du, Tom? Ich habe jetzt schon oft was von «Migration» gehört. Darüber gibt es manchmal Vorträge, und in den Nachrichten tauchte ein «Beauftragter für Migration» auf. Was ist denn Migration?

Tom Das Wort kommt von «migratio», das ist Lateinisch und bedeutet «Wanderung». Und den Begriff «Migration» verwenden wir, wenn wir von Menschen sprechen, die aus ihrer Heimat weggehen. Das sind dann «Migranten».

Tim Ich will mal ein Jahr in Amerika zur Schule gehen. Bin ich dann auch ein Migrant?

Tom Nein, dann bist du ein Austauschschüler. Als ich in den USA als Korrespondent gearbeitet habe, war ich auch kein Migrant. Ich hielt mich nur für eine begrenzte Zeit dort auf, und es war klar, dass ich wieder nach Deutschland zurückkehre. «Migranten» dagegen verlassen ihre Heimat, um sich in einem anderen Land ein neues Leben aufzubauen. Manche gehen freiwillig, andere müssen das tun, weil sie in ihrer Heimat verfolgt werden und nicht frei leben können. Ein anderer Grund ist Armut. Wer keine Arbeit findet oder noch nicht mal genug zu essen hat, der zieht aus Not woandershin. Auf jeden Fall gehen «Migranten» für sehr lange Zeit, wenn nicht sogar für immer in ein anderes Land.

Tim Entscheiden sie am Anfang, ob sie für immer weggehen, oder nur für eine Zeitlang?

Tom Einige ja, aber viele auch nicht. Sie denken sich: «Ich gehe erst mal weg und verdiene woanders Geld. Wenn ich genug gespart habe, komme ich wieder heim.» Aber dann bleiben sie immer länger weg, und am Ende kehren sie doch nicht zurück. Wenn sie sich richtig niederlassen und auch noch die Staatsbürgerschaft der neuen

Heimat annehmen, dann nennt man das «auswandern». Oft sind aber erst die Kinder der Migranten oder der Auswanderer in dem neuen Land richtig zu Hause.

Tim **Verstehe. Ich will lieber kein Migrant sein. Das klingt schwer.**

Tom Ja, das ist in der Tat gar nicht so leicht, seine Heimat zu verlassen und woanders neu anzufangen. Vielleicht wirst du auch für immer hier in Deutschland wohnen. Aber es kann ja sein, dass du später doch mal in einem anderen Land leben und arbeiten willst. Dann wanderst du auch aus. Aber du hast ja noch eine ganze Menge Zeit, dir das zu überlegen.

Milchquote

Tim Beim Frühstück habe ich im Radio von einer «Milchquote» gehört – was ist das?

Tom Das lässt sich nicht ganz leicht erklären. «Quote» ist
einfach ein Wort für «Anteil». Ich versuche mal, ein
Beispiel zu finden. Hm, wer telefoniert tagsüber am
meisten bei euch?

Tim Die Mama.

Tom Soso, die Mama. Habt ihr deswegen schon mal Streit zu
Hause gehabt?

Tim Ja, klar!

Tom Und habt ihr dann vielleicht eine Regel gefunden, damit
die anderen auch mal telefonieren können?

Tim Ja, Mama darf nur noch 30 Minuten am Tag telefonieren.

Tom Dann habt ihr euch also eine Quote für die Mama
überlegt – Anteile von Zeit, die sie pro Tag am Telefon
hängen darf. Bei der Milch ist es genau umgekehrt. Da
bezeichnet die Quote den Anteil der Milch, der überhaupt produziert werden darf.

Tim Oje, das ist ja echt schwierig!

Tom Allerdings. Vor mehr als 20 Jahren, da war es so, dass in
ganz Europa mehr Milch produziert wurde als verbraucht werden konnte. Und dann purzeln natürlich
die Preise. Es war so viel Milch da, dass sie teilweise
weggeschüttet werden musste. Deshalb haben sich die
Politiker damals für die Milchbauern so eine Quotenre-
gelung ausgedacht. Die sogenannte Milchquote regelt,
wie viel Milch die Bauern produzieren dürfen, nämlich
nur ungefähr so viel, wie auch verbraucht wird. Die
Bauern, die sich nicht an die Milchquote halten und viel
mehr Milch erzeugen und an die Molkereien verkaufen,
müssen sogar Geld bezahlen.

Tim Das heißt, dass sie Strafe zahlen müssen?

Tom Ja, denn der einzelne Bauer, der mehr Milch produziert, hat zwar einen kurzfristigen Vorteil, aber langfristig schadet er allen Bauern. Durch die Milchquote können sich die Bauern sicher sein, dass der Preis, den sie für ihre Milch bekommen, einigermaßen stabil und in etwa auf einer bestimmten Höhe bleibt. Wenn zu viel Milch da ist, will keine Molkerei mehr einen hohen Preis dafür zahlen, und die Bauern würden weniger dafür bekommen.

Tim Dann ist die Milchquote also eine gute Sache.

Tom Na ja, das ist immer wieder umstritten. Eine solche Quote ist ein Eingriff in den Markt. Das schränkt den Wettbewerb ein (☞ Bundeskartellamt). Denn eigentlich sollen ja Angebot und Nachfrage den Preis regeln. Und weil die nie genau auf demselben Stand bleiben, wird immer wieder neu über die Quote diskutiert.

Tim Sag mal, Tom, warum berichtet ihr so oft über «Mindestlöhne»? Was ist denn ein Mindestlohn, und warum gibt es da immer wieder Streit?

TOM Mit Mindestlohn ist eine Untergrenze gemeint für das, was ein Arbeiter pro Stunde verdienen soll. Du verdienst dir doch nebenher ein bisschen Taschengeld dazu und verteilst Prospekte für den Supermarkt – was bekommst du dafür in der Stunde?

Tim Fünf Euro.

TOM Dann stell dir vor, ein anderer Junge geht zu dem Supermarktbesitzer und sagt: «Ich trage die Prospekte für vier Euro aus.»

Tim Das wäre ja ganz schön gemein. Dann kriegt der bestimmt meinen Job.

TOM Da kannst du Gift drauf nehmen. Es sei denn, der Supermarktbesitzer hätte sich vorher festgelegt, niemandem weniger als fünf Euro zu zahlen, weil er eben keinen ausnutzen will. Er hätte sich also verpflichtet, einen Mindestlohn von fünf Euro zu zahlen. Viele wollen, dass die Regierung einen Mindestlohn festlegt, damit niemand, obwohl er jeden Tag arbeitet, arm ist.

Tim Wie meinst du denn das?

TOM Na, für dich ist dein Taschengeld und das, was du beim Zeitungsaustragen verdienst, im Grunde genommen nur zum Vergnügen da. Davon bezahlst du dir ein extra Eis oder eine Karte fürs Kino. Aber deine Eltern müssen von ihrem Verdienst alles bezahlen, was notwendig ist und zum Leben gehört: die Miete, damit ihr ein Dach über dem Kopf habt. Die Heizung, damit ihr es warm habt. Den Strom, damit die Lampen abends brennen. Und nicht zu vergessen: das Essen. Wenn aber jemand so wenig verdient, dass es für die notwendigsten Dinge nicht reicht, kann er keine Familie ernähren und möglicherweise kaum sich selbst. Er müsste vielleicht in irgendeiner Baracke hausen. Die Befürworter des Mindestlohns hoffen, dass dadurch jeder genug verdient, um menschenwürdig leben zu können.

Tim Eigentlich klingt das doch ganz gut – wer hat denn da etwas dagegen?

TOM Die Gegner des Mindestlohns sagen, wenn die Arbeit zu teuer wird, fällt sie vielleicht ganz weg. Um bei deinem Beispiel zu bleiben: Angenommen, der Mindestlohn wird von der Regierung auf sieben Euro festgelegt, dann müsste der Supermarktbesitzer deinen Lohn von fünf Euro auf sieben Euro erhöhen. Das kommt ihn auf Dauer natürlich teurer, und er würde sich dann vielleicht überlegen, die Prospekte einfach an der Kasse auszulegen, sodass seine Kunden sich die selber mitnehmen. Dadurch würde dein Job komplett wegfallen.

Tim Oh, das ist ja ganz schön schwierig. Einerseits ist der Mindestlohn also gut, andererseits auch wieder nicht.

TOM Ja, und deswegen wird über den Mindestlohn auch sehr viel diskutiert und verhandelt.

Tim In den Nachrichten sprecht ihr oft von einem «Nahost-konflikt». Was ist das?

TOM Oh, Tim, da hast du dir aber einen dicken Brocken raus-gesucht. Ein Konflikt ist ein Streit, aber im Fall des Nah-ostkonflikts handelt es sich eher um einen bewaffneten Konflikt, und den gibt es mittlerweile schon seit über 60 Jahren. Dabei stehen sich zwei Völker gegenüber, und zwar im Nahen Osten auf der Arabischen Halb-insel im Südosten des Mittelmeers. Diese Völker, die Palästinenser und die Israelis, streiten sich um Land. Die Israelis haben nämlich einen Teil von einem Land, von dem die Palästinenser wiederum sagen, dass es ihnen gehört.

Tim Und wieso haben die Israelis das Land?

TOM Das ist eine lange und komplizierte Geschichte. Die Israelis, auch das jüdische Volk genannt, hatten fast 2000 Jahre lang keinen eigenen Staat. Die meisten von ihnen lebten über die ganze Welt verstreut in allen möglichen Ländern, nur wenige blieben in ihrer alten Heimat. Nach dem Zweiten Weltkrieg wollten die Juden endlich einen eigenen Staat. Sie sind nämlich in den anderen Ländern immer wieder schlecht behandelt, verfolgt und getötet worden. Vor allem in Deutschland während des sogenannten Dritten Reichs (☞ Dik-tatur). Da haben die Nazis sogar versucht, alle Juden umzubringen. Auch deswegen sind die Juden dorthin gegangen, wo sie früher ihren Staat hatten.

Tim Warum?

TOM Sie wollten eine Heimat, damit sie immer einen Zu-fluchtsort haben, falls sie wieder mal von anderen bedroht werden. Und natürlich geht man dann dahin

zurück, wo man ursprünglich herkam. Außerdem ist Israel für die Juden das Land, das ihnen Gott versprochen hat. Vor allem das Gebiet um die Stadt Jerusalem herum ist ihnen sehr wichtig. Aber es gab ein Problem: Das Land war nicht leer. Viele Araber lebten jetzt dort.

Tim Dann sind die Juden eben einfach wieder dazugekommen?

TOM So einfach war es eben nicht. Stell dir das jüdische Volk mal als deine Familie vor: Du und dein Bruder, deine Mama und dein Papa sind zwar eine Familie, aber ihr lebt nicht zusammen. Sondern du lebst vielleicht bei deiner Oma, dein Bruder bei deiner Tante, deine Eltern allein in einer Wohnung. Dabei würdet ihr am liebsten in einem Haus, unter einem Dach leben. Aber es ist einfach nirgendwo ein Haus für euch allein frei. So ging es den Juden. Für sie war kein Land frei.

Tim Und was genau haben sie dann gemacht?

TOM Na ja, es gab jemanden, der ein Haus hatte. Das waren die Engländer, die im Ersten Weltkrieg das Land Palästina erobert haben. Sie haben das Haus quasi genommen, und die Palästinenser haben sie dort wohnen lassen, zur Miete sozusagen. Stell dir also vor, es käme jemand und sagt: Ich habe für dich und deine Familie ein Haus. Einige deiner Verwandten sind auch schon dort und wohnen im ersten Stock. Das Problem ist nur, dass im Erdgeschoss noch eine andere Familie wohnt. Aber ihr seid froh und zieht ein und bringt euer Namensschild an. Die Juden haben es ähnlich gemacht und irgendwann den Staat Israel gegründet.

Tim Oje, und dann gab es Ärger, oder?

TOM Das kann man wohl sagen! Die andere Familie würde es wahrscheinlich ebenso wenig gut finden, mit euch das Haus teilen zu müssen. Euch wäre es sicher auch nicht so angenehm. Und dann stell dir vor, dass noch andere Verwandte nachkommen. Der Platz reicht nicht mehr aus, und ihr müsst euch noch weiter im Haus ausbreiten. So in etwa war es bei den Israelis, als immer mehr Juden ins Land kamen. Auf jeden Fall streiten sich die beiden Völker erbittert, leider mit Bomben, Schießereien und vielen Toten. Und das, obwohl sie schon oft beteuert haben, damit aufzuhören.

Tim Hm, und wie kann man das jetzt lösen?

TOM Im Moment finden viele, dass einfach eine Grenze gezogen werden sollte, damit es zwei Staaten gibt. Das wird zwar ganz schön schwierig, aber es ist sehr wichtig, weil beide Seiten Verbündete in anderen Ländern haben. Und wenn sie weiter Gewalt anwenden, breitet sich der Konflikt vielleicht noch auf andere Teile der Welt aus.

NATO

Tim Ich habe im Radio gehört, dass Deutschland Mitglied in der «NATO» ist. Was ist die NATO?

Tom NATO ist zunächst einmal die Abkürzung für «North Atlantic Treaty Organization», zu Deutsch: «Nordatlantikvertrags-Organisation».

Tim Und was macht diese Organisation?

Tom Fangen wir mal so an: Hast du von Zeit zu Zeit Ärger mit älteren Schülern?

Tim Ja! Da gibt es einen, der klaut mir manchmal den Schulranzen und versteckt ihn dann.

Tom Gemein! Aber jetzt stell dir mal Folgendes vor: Du und deine Klassenkameraden würdet euch ganz fest versprechen, dass ihr alle zusammenhaltet, wenn so einer Ärger macht. Dann hättet ihr etwas Ähnliches wie ein Bündnis geschlossen.

Tim Ja!!! Dann könnten wir alle zusammen seine Tasche klauen?

Tom Oder ihr könntet dem Jungen einfach nur sagen, dass ihr jetzt ein Bündnis habt. Dann weiß er, dass er es mit euch allen zu tun bekommt, und würde es sich bestimmt zweimal überlegen, bevor er einen von euch ärgert. Wahrscheinlich ließe er es sogar ganz bleiben, selbst wenn er größer und stärker ist. So kann man manchmal ganz friedlich erreichen, dass sich auch die anderen friedlich verhalten.

Tim Gute Idee!

Tom Die NATO ist auch so ein Bündnis, nur dass sich da mehrere Länder mit ihren Armeen zusammengeschlossen haben. Zur NATO gehören 26 Staaten, von denen die meisten in Europa liegen. Deutschland ist zum Beispiel dabei, Großbritannien und Frankreich, aber auch die USA und Kanada. All diese Länder haben vereinbart: Wenn einer von uns angegriffen wird, dann verhalten wir uns so, als wenn jeder von uns angegriffen worden wäre. Dann kriegt er es mit uns allen zu tun.

Tim Gab es so einen Fall schon mal?

TOM Einmal, und zwar nach dem 11. September 2001. Du weißt doch noch, was damals passiert ist?

Tim Ja. Da haben Terroristen Flugzeuge entführt und sind in diese Türme in New York geflogen.

TOM Genau, ins World Trade Center und in Washington ins Pentagon, wo das amerikanische Verteidigungsministerium sitzt. Am 11. September sind viele Menschen gestorben, und die NATO-Staaten haben damals gesagt: Das ist ein Fall für das Bündnis, und wir helfen den USA dabei, gegen Terroristen vorzugehen. Zum Beispiel kontrollieren deutsche Soldaten Schiffe im Gebiet vor der somalischen Küste am Horn von Afrika, um zu verhindern, dass dort Waffen geschmuggelt werden.

Tim Und sonst kämpft die NATO nie?

TOM Lange Zeit hat es ausgereicht, dass die NATO einfach ein starkes Bündnis mit vielen Mitgliedern ist. Das hat andere abgeschreckt. Manchmal schickt die NATO aber auch Soldaten in ein anderes Land, wenn sie um Hilfe gebeten wird. Und es gab auch schon den Fall, dass die NATO von sich aus einmarschiert ist, zum Beispiel ins Kosovo. Das liegt in Südosteuropa, und ein Teil der Bevölkerung dort, die Kosovo-Albaner, wurden von ihren Nachbarn bedroht, den Serben.

Tim Alles klar, so ein Bündnis ist ja echt hilfreich. Das schlage ich gleich meinen Kumpels vor, dann hat der blöde Typ aus der Zehnten keine Chance mehr.

TOM Gut! Aber denkt dran: Das oberste und wichtigste Ziel von so einem Bündnis ist, den Frieden zu erhalten!

OECD-Länder

Tim Heute will ich dich was ganz Schwieriges fragen. Was sind die «OECD-Länder»?

TOM Das sind 30 Staaten, die sich zu einer Organisation zusammengeschlossen haben. Deutschland ist dabei, Frankreich, Spanien, Australien, die USA und noch viele andere mehr – alles Länder, denen es ziemlich gut geht. Das bedeutet, dass sie einigermaßen wohlhabend sind und dass es bei ihnen nicht so viel Armut gibt.

Tim Und was bedeutet OECD?

TOM OECD ist eine englische Abkürzung für «Organization for Economic Co-operation and Development», und das bedeutet auf Deutsch so viel wie: Organisation für wirtschaftliche Zusammenarbeit und Entwicklung.

Tim Wie arbeiten die denn zusammen in der OECD?

TOM Da treffen sich Experten aus allen OECD - Ländern. Das sind übrigens nicht nur Politiker, sondern auch Firmenchefs, Wissenschaftler oder Umweltexperten. Sie alle wollen, dass es ihren Staaten weiterhin gutgeht, und sie tauschen sich darüber aus, was in den einzelnen Mitgliedsländern gut klappt und was nicht.

Tim Das verstehe ich noch nicht so richtig.

TOM Das ist ungefähr so, wie wenn sich euer Schuldirektor, deine Lehrer, die Elternvertreter und der Hausmeister mit denen von der Schule im Nachbarort treffen würden.

Tim Und was soll das bringen?

TOM Ich gebe dir ein Beispiel: Stell dir vor, der Hausmeister der Nachbarschule hätte einen tollen neuen Rasenmäher – so einen zum Draufsitzen. Hast du so einen schon mal gesehen?

TIM Ja, bei meinem Onkel Willi. Der wohnt auf dem Land und mäht damit seine riesige Wiese.

TOM … und da sind bestimmt alle neidisch drauf! Angenommen, eure Nachbarschule hat auf einmal so ein Gerät, und der Hausmeister ist dort viel schneller mit dem Mähen fertig als euer Hausmeister, der weiter stundenlang mit einem Minirasenmäher unterwegs ist. Dann könnte sich euer Hausmeister das abgucken und auch so einen schnellen Rasenmäher anfordern. Oder wenn euer Direktor von der englischen Theater-AG der Nachbarschule begeistert ist, weil alle plötzlich super Englisch sprechen, dann ist das vielleicht auch eine gute Idee für eure Schule.

Tim Müssen die anderen Länder denn die guten Ideen kopieren?

TOM Nein, jeder kann mit den Informationen anfangen, was er will. Ich gebe dir auch dafür ein Beispiel: Die sogenannte PISA-Studie (☞ PISA-Studie).

Tim Davon habe ich gehört.

TOM Da hat man Schüler aus verschiedenen Ländern getestet und verglichen. Dabei kam heraus, dass die deutschen Schüler gar nicht so toll abschneiden, wie man dachte. Seitdem schaut Deutschland genau hin, was die Länder, die bei PISA bessere Ergebnisse hatten, anders machen. Aber ob Deutschland von denen was abguckt und nachmacht oder nicht, das ist nicht vorgeschrieben.

Tim Wie machen denn dann die OECD-Länder solche Untersuchungen wie PISA? Das sind doch so viele Experten und Länder, die ja auch noch so weit voneinander entfernt sind.

TOM Ja, das stimmt allerdings. Die Experten sind zusammengenommen ungefähr 40 000. Aber die treffen sich nicht alle auf einmal, sondern in kleinen Gruppen. Und die Ergebnisse ihrer Treffen – also Ideen und Vorschläge – geben sie an das OECD-Sekretariat in Paris weiter. Dort

wird alles gesammelt und ausgewertet. Jedes Mitglieds-
land kann dann von zu Hause aus per Internet auf diese
Ergebnisse zugreifen. Außerdem gibt die OECD diese
Ergebnisse auch an die ärmeren Länder weiter.

Tim Ah, verstehe. Dann hat ja jeder was davon, wenn irgendwo auf der Welt was gut klappt. Ist ja eigentlich eine tolle
Sache, diese OECD.

Tim Sag mal, Tom: Ihr redet immer vom «Ölpreis». Mal ist er gestiegen, mal ist er gefallen. Warum ist denn das so wichtig? Ihr meldet ja auch nicht in den Nachrichten, wenn die Bananen teurer geworden sind.

Tom Öl ist sehr beliebt und sehr wichtig, also Erdöl oder Rohöl – nicht Speiseöl. Denn aus Öl wird nicht nur Treibstoff für Autos und Flugzeuge hergestellt, sondern auch ganz viele andere Sachen. Schau dich mal um: In fast allen Sachen aus Kunststoff steckt auch Öl.

Tim Mein Telefon zum Beispiel?

Tom Genau. Und wenn Öl teurer wird, werden zum Beispiel auch Telefone teurer oder Spielzeug.

Tim Okay, verstehe. Bananen sind wirklich nicht so wichtig. Aber warum ändert sich denn der Preis vom Öl ständig?

Tom Im Prinzip ist das so: Je mehr Leute etwas haben wollen, desto teurer wird es. Und das Problem beim Öl ist, dass es nicht unendlich vorhanden ist. Irgendwann wird es kein Öl mehr geben. Denn dieses Öl, das jetzt aus unterirdischen Erdschichten abgepumpt wird, das hat Millionen Jahre gebraucht, um sich zu bilden. Auch deshalb wird Öl immer teurer.

Tim Wird es denn immer nur teurer? Wird es nie mehr billiger?

Tom In der Vergangenheit wurde es öfter mal teurer und dann wieder billiger. Das lag unter anderem an der sogenannten Fördermenge. Manchmal war Öl so teuer, dass weniger davon gekauft wurde. Dann haben manche der Länder, in denen Ölquellen liegen, mehr davon hochgepumpt oder «gefördert». Dadurch war wieder mehr Öl auf dem Markt, und es wurde wieder billiger. Aber jetzt ist die Lage ein bisschen anders: Länder, die früher mal

arm waren und nicht viel Öl brauchten, so wie China und Indien, die werden jetzt immer wohlhabender. Sie bauen Fabriken, heizen genau wie wir ihre Wohnungen und wollen genauso Auto fahren wie wir. Also brauchen sie heutzutage viel mehr Öl als früher. Und da schließt sich der Kreis wieder: Mehr Nachfrage führt zu höheren Preisen.

Tim Also gibt es einen richtigen Markt für Öl? Und der ist wichtiger als der Markt für Bananen?

Tom Ja. Diejenigen, die das Öl haben, verhandeln mit denjenigen, die es haben wollen, über den Preis. Und weil Öl auf der ganzen Welt für alle Firmen, die etwas herstellen, so ein wichtiges Produkt ist, haben alle immer den Preis des Rohöls vor Augen.

Tim Und der ändert sich, obwohl sich am Öl selbst überhaupt nichts geändert hat?

Tom Genau so ist es, und dieser Preis ändert sich manchmal sogar nur, weil Menschen plötzlich unsicher sind. Aus Angst, dass irgendwo Krieg sein könnte, oder aus Angst, dass einige Firmen pleitegehen könnten. Der Ölpreis ist fast so ein bisschen wie ein Fieberthermometer der Welt: Je mehr Stress, Unruhe und Unsicherheit, desto höher der Ölpreis.

Tim Dann soll sich der Ölpreis mal schön ausruhen, so wie ich, wenn ich krank bin. Dann würde sich nämlich Papa auch nicht so aufregen, wenn an der Tankstelle das Benzin wieder teurer geworden ist.

OPEC

Tim Gerade habe ich gehört, dass die «OPEC» das Öl zu teuer macht. Was ist denn die OPEC? Das klingt ja eher wie eine Autofirma.

TOM Nein, die OPEC hat was mit Erdöl zu tun. OPEC ist die Abkürzung für die englischen Worte «Organization of the Petroleum Exporting Countries». Auf Deutsch heißt das «Organisation der Erdöl exportierenden Länder». Das sind die Länder, die Öl haben und dieses an den Rest der Welt verkaufen, zum Beispiel an Deutschland. Sie fördern bzw. pumpen das Öl aus der Erde. Mitglieder der OPEC sind zum Beispiel Iran, Kuwait und Saudi-Arabien, aber auch Länder in Südamerika wie Venezuela.

Tim Und wieso haben die Öl und wir nicht?

TOM Das Öl hat sich im Laufe von Jahrtausenden unter der Erdoberfläche gebildet, und jetzt liegt es eben zufällig dort, wo diese Länder sind. Sie haben sozusagen Glück gehabt und können das Öl jetzt teuer verkaufen, denn Öl ist heiß begehrt. Sehr viele Dinge aus unserem täglichen Leben werden daraus hergestellt: Kunststoff oder Benzin für Autos (☞ Ölpreis). Oft liegen die Ölreserven unserer Erde in Gegenden, wo es Kriege und Kämpfe gibt. Der Irak ist zum Beispiel auch in der OPEC, aber seit dort Krieg herrscht, liegt die Mitgliedschaft auf Eis.

Tim Und wieso verkauft nicht jedes Land für sich sein eigenes Öl? Wieso gründen die eine Organisation?

TOM Wenn man es genau nimmt, haben sich diese Länder zu einem Kartell zusammengeschlossen.

Tim Das Wort kommt mir bekannt vor.

TOM Darüber haben wir auch schon mal gesprochen (☞ Bundeskartellamt). Ein Kartell ist eine Vereinigung von Leuten, die dasselbe verkaufen wollen und die Preise dafür absprechen. Die OPEC tut das unter anderem, damit mächtige Ölkonzerne, also riesige Firmen, die Öl in der ganzen Welt verkaufen wollen, die Preise nicht allein bestimmen können. Das hat Vorteile für die Öl-Länder. Wenn alle von ihnen sagen: Wir verkaufen ein Fass für 50 Euro, dann kann keins der Länder schlechter dran sein, und alle machen ihr Geschäft. Wenn einer immer billiger wäre, würden die Länder, die kein Öl haben, natürlich nur dort kaufen.

Tim Ich glaube, das habe ich verstanden, aber kannst du mir trotzdem ein Beispiel geben?

TOM Stell dir vor, du machst mit Freunden einen Flohmarkt. Ihr wollt zum Beispiel eure alten Playstation-Spiele loswerden. Dann könntet ihr absprechen, dass ihr pro Spiel zehn Euro verlangt. Dann hat keiner von euch einen Vorteil und keiner einen Nachteil. Ihr habt also ein Kartell gebildet.

Tim Dann ist so ein Kartell also eine gute Sache?

TOM Na ja, für diejenigen, die was zu verkaufen haben, ist ein Kartell eine gute Sache. Aber für diejenigen, die etwas abkaufen wollen, ist es nicht so günstig. Dafür ist Öl das beste Beispiel. Die OPEC-Länder legen nämlich nicht nur den Preis fest, sondern auch, wie viel Öl sie aus der Erde fördern. Wenn sie weniger Öl fördern, als alle anderen Länder auf der Welt zusammen brauchen, dann steigen die Preise.

Tim Das mit dem Ölpreis hast du mir ja schon mal erklärt (☞ Ölpreis). Aber warum fördern die nicht mehr Öl?

TOM Dann reichen die Reserven länger, und durch den hohen Preis kommt viel Geld rein.

Tim Könnten sie uns auch einfach gar kein Öl mehr geben?

TOM Das könnten sie, aber das machen sie normalerweise nicht. Denn dann verdienen sie ja auch kein Geld mehr.

Manchmal beschließen sie auch, mehr Öl zu fördern, und dann wird es wieder billiger. Außerdem gibt es noch viele Länder, die nicht in der OPEC sind und trotzdem Öl verkaufen. Deutschland bekommt zum Beispiel das meiste Öl aus Russland. Russland ist aber gar nicht in der OPEC.

Tim **Ist die OPEC dann überhaupt wichtig?**

TOM Sie wird immer wichtiger. Weil manchen Ölförderländern, die nicht in der OPEC sind, langsam die Reserven ausgehen. Daher steigt der Einfluss der OPEC.

Opposition

Tim Kannst du mir erklären, was eine «Opposition» ist?

TOM Opposition ist das Gegenteil von Regierung.

Tim Das verstehe ich nicht so richtig.

TOM Weißt du, was die Regierung ist?

Tim Ja, die Bundeskanzlerin und ihre Minister. Das sind die Leute, die in Deutschland die Entscheidungen treffen (☞ Kabinett).

TOM Genau. Und wer in Deutschland gerade die Regierung bildet, habe ich dir auch schon mal gesagt.

Tim Die SPD und die CDU / CSU, das sind die größten Parteien Deutschlands (☞ Koalitionsausschuss).

TOM Richtig! Und die Parteien, die nicht mit in der Regierung sind, aber trotzdem im Parlament sitzen, die sind in der Opposition. Im Moment sind das die Grünen, die FDP und die Linkspartei. Diese Parteien stehen der Regierung sozusagen gegenüber. Opposition kommt aus dem Lateinischen von dem Wort «opponere», das heißt auf Deutsch «gegenüberstellen». Die Parteien in der Opposition stellen sich gegen die Herrschenden. Das ist fast ein bisschen so, wie sich die Schülermitverwaltung in deiner Schule oft gegen Entscheidungen des Direktors stellt.

Tim Aber die SMV darf doch gar nicht so viel mitentscheiden. Hat denn die Opposition etwas zu sagen?

TOM Sie ist auf jeden Fall sehr wichtig. Die Parteien in der Opposition kontrollieren die Regierung ein bisschen. Sie melden sich zu Wort, wenn sie glauben, dass die Regierung etwas falsch macht oder nicht ehrlich genug zu den Bürgern ist.

Tim Deswegen berichtet ihr so oft über die Opposition?

TOM Genau, schließlich ist es in der Demokratie ganz normal

und auch sehr wichtig, dass diejenigen, die an der Macht sind, ihr Handeln ständig erklären müssen. Und dass sie sich in aller Öffentlichkeit kritisieren lassen müssen. Außerdem bringen sich die Oppositionsparteien so für die Wähler ins Gespräch. Wer weiß, vielleicht werden sie bei der nächsten Wahl wieder in die Regierung gewählt?

Tim **Dürfen nur die anderen Parteien im Parlament die Regierung kritisieren?**

TOM Natürlich nicht. Prinzipiell darf jeder in Deutschland die Regierung kritisieren. Schließlich hat jeder hier das Recht, seine Meinung frei zu äußern. Das ist ein Menschenrecht (☞ Menschenrechte). Bei einzelnen Bürgern wird das aber nicht Opposition genannt. Opposition sagt man nur zu Parteien oder anderen Gruppen, die Kritik äußern oder mit Aktionen auf Fehler der Regierung aufmerksam machen und damit Einfluss nehmen.

Pflegeversicherung

Tim Ich habe in den Nachrichten gehört, dass der Beitrag zur «Pflegeversicherung» erhöht wurde. Was ist denn das für eine Versicherung?

Том Am besten erkläre ich dir erst mal, wie das mit Versicherungen im Allgemeinen funktioniert. Hast du etwas, das dir besonders am Herzen liegt und von dem du nicht willst, dass daran etwas kaputtgeht oder etwas damit passiert?

Tim Ja, mein Fahrrad. Das ist nämlich noch neu.

Том Und was machst du, damit mit dem Fahrrad nichts passiert?

Tim Ich schließe es immer ab. Zu Hause und in der Schule. Dafür habe ich mir extra ein Schloss gekauft.

Том Und wenn jetzt jemand das Fahrradschloss knackt und das Rad klaut?

Tim Das wäre eine Sauerei. Aber mein Papa sagt: Falls jemand das Rad klaut, springt die Versicherung ein und bezahlt mir ein neues Fahrrad.

Том Siehst du, die Versicherung – jetzt hast du es selbst schon gesagt. Dein Papa zahlt nämlich jedes Jahr einen kleinen Betrag an die Versicherung, und falls irgendwann einmal etwas bei euch aus dem Haus oder dein Fahrrad geklaut wird, ersetzt euch die Versicherung den Schaden. Dieses System der Versicherung funktioniert nur, wenn viele etwas einzahlen. Auch diejenigen, denen vielleicht nie etwas geklaut wird. Aber das kann man ja vorher nie wissen.

Tim Okay, kapiert. Und für was ist diese Pflegeversicherung?

Том Halt, nicht so schnell. Erst erkläre ich noch die Krankenversicherung, denn die kennst du bestimmt.

Tim Bezahlt die nicht unsere Arztrechnung?

TOM Ja, aber das Geld dafür kommt ja von irgendwoher. Und zwar von allen Krankenversicherten. Die bezahlen jeden Monat ihre Versicherungsbeiträge. Manche werden nie krank, andere häufiger. Aber durch die Beiträge können sich alle darauf verlassen, dass sie versorgt werden, wenn sie zum Beispiel mal einen Unfall haben.

Tim Verstehe, aber jetzt will ich wissen, was die Pflegeversicherung ist.

TOM Sie funktioniert genau wie die Krankenversicherung. Nur dass es bei ihr nicht um Hilfe geht, wenn man vorübergehend krank wird, sondern um Hilfe, wenn man dauerhaft gepflegt werden muss, etwa weil man alt und schwach ist. Wenn ältere Leute zum Beispiel nicht mehr alleine den Haushalt erledigen können oder wenn sie jemanden brauchen, der ihnen beim Essen, Waschen oder Anziehen hilft. Manche Menschen werden auch in einem Altenheim untergebracht. Dort kümmern sich Pfleger um alle Bewohner, und jeder bekommt die Hilfe und Pflege, die er benötigt. Allerdings kostet diese Hilfe auch Geld. Einen Teil bezahlt dann die Pflegeversicherung.

Tim Und woher kommt das Geld jetzt bei der Pflegeversicherung genau?

TOM Niemand weiß ja, ob er mal selbst Hilfe benötigt, wenn er alt oder zu schwach ist. Und deshalb muss jeder, der Geld verdient, einen Teil davon in seine Pflegeversicherung einzahlen – genau wie bei der Krankenversicherung. Das kommt alles in eine große Kasse, aus der das dann bezahlt wird.

Tim Kriegt jeder, der Hilfe braucht, gleich viel Geld?

TOM Nein, da gibt es drei verschiedene Pflegestufen. Am wenigsten erhält man bei Pflegestufe 1, am meisten in Pflegestufe 3. Das hängt davon ab, wie viel Hilfe jemand braucht.

Tim Und wer entscheidet, in welche Pflegestufe man kommt?

TOM Das machen Gutachter des sogenannten Medizinischen Dienstes. Die kommen nach Hause oder in das Altenheim und schreiben auf, wie viele Stunden benötigt werden, um beim Waschen, Anziehen, Essen usw. zu helfen. Dann erstellen sie ein Gutachten für die Pflegeversicherung. Und da steht drin, welche Pflegestufe hier gilt.

Tim Und warum berichtet ihr so oft darüber?

TOM Weil die Politiker wieder unterschiedlicher Meinung sind. Die einen sagen: «Der Betrag, den die Menschen in die Versicherung einzahlen, ist zu niedrig! Das reicht nicht, wenn immer mehr Menschen alt und schwach werden.» Und die anderen sagen: «Jeder sollte sich – zusätzlich zu den Versicherungsbeiträgen, die er bezahlt – selbst etwas zurücklegen!» Weil sich aber an der Tatsache, dass wir alle älter werden und vielleicht Hilfe brauchen, nichts ändern wird, bleibt die Pflegeversicherung immer im Gespräch.

Tim Was ist die «PISA-Studie» nochmal? Ich erinnere mich, dass das was mit Schule zu tun hat. Aber Pisa ist doch die Stadt in Italien mit dem Schiefen Turm. Das verstehe ich nicht so ganz.

Tom Die Stadt in Italien und ihr Schiefer Turm haben mit der Studie nichts zu tun. PISA ist eine Abkürzung und steht für einen englischen Ausdruck «Programme for International Student Assessment». Übersetzt heißt das: «Programm zur internationalen Schülerbewertung». Das Wort «Studie» kommt von studieren, also «etwas ganz genau untersuchen».

Tim Werden da die Schüler auf der ganzen Welt untersucht?

Tom Im Prinzip schon, nur wird nicht die Gesundheit der Schüler untersucht, sondern was sie können. Die Schüler müssen im selben Alter sein, und die PISA-Studie prüft, ob sie überall so in etwa dasselbe können und wissen.

Tim Wer interessiert sich denn für so was?

Tom Zum Beispiel die Regierungen der Länder. So erfahren sie, ob sie den Unterricht verbessern oder irgendwas im Schulsystem verändern müssen.

Tim Mir fällt auch ohne Studie ganz viel ein, was anders werden müsste. Ich wünsche mir zum Beispiel weniger Hausaufgaben!

Tom Das glaube ich dir gerne. Es geht aber darum, herauszufinden, wie gut die Schüler sind und ob alle Schüler die gleichen Chancen haben, etwas zu lernen. Für Deutschland hat die Studie gezeigt, dass die Kinder hier oft weniger wissen als Kinder in anderen Ländern. Und dass Kinder in Deutschland, wenn sie ärmere Eltern haben, schlechter in der Schule sind. Manche schaffen deswegen sogar keinen Schulabschluss.

Tim Aber das ist doch nicht fair! Alle Kinder sollten doch die gleichen Chancen auf eine gute Schulbildung haben.

Tom Die große Frage ist, wie man das hinbekommt.

Tim Muss man deshalb ganz viele Länder miteinander vergleichen?

Tom So kann man zumindest sehen, welche Länder es am besten machen und wo die Schüler am erfolgreichsten lernen. Daran kann man sich ein Beispiel nehmen. Deswegen gibt es jetzt auch in Deutschland mehr und mehr Ganztagsschulen. Durch die PISA-Studie hat man nämlich herausgefunden, dass die gut funktionieren und die Schüler besser lernen, wenn sie auch nachmittags ihre Hausaufgaben in der Schule machen.

Tim Ich finde es aber nicht gut, dass ich so viel Nachmittagsunterricht habe.

Tom Das verstehe ich, aber sieh es mal so: Manchmal bist du doch sicher müde, wenn du bis zwei Uhr mittags schon sechs oder sieben Unterrichtsstunden hinter dir und nur ein Butterbrot gegessen hast.

Tim Stimmt genau. Deshalb will ich ja gerade schnell nach Hause und nicht noch länger in der Schule hocken.

Tom Jetzt stell dir vor, du hättest eine richtig lange Mittagspause und bekämst in der Schulkantine ein warmes Essen.

Tim Hm, ich glaube, ich esse aber lieber zu Hause.

Tom Dann müssen deine Mama oder dein Papa aber jeden Tag zu Hause bereitstehen. Und ich habe noch einen Anreiz für dich: Wenn du nach dem Essen in der Schulkantine mit deinen Freunden die Hausaufgaben in der Schule machst, dann könntest du einen Lehrer fragen, wenn du etwas nicht verstehst, und hättest anschließend wirklich ganz frei.

Tim Na ja, so würde ich mir das wenigstens mal überlegen.

Populist

Tim In den Nachrichten wurde ein Politiker als «Populist»
bezeichnet. Und ich hatte das Gefühl, dass das nicht so
toll ist. Was ist denn ein Populist?

Tom Das Wort kommt einmal mehr aus dem Lateinischen:
«populus» heißt «das Volk». Ein populistischer Politiker
redet also über Dinge, für die sich das Volk interessiert.
Er schaut dem Volk sozusagen aufs Maul und sagt Sachen, die «populär» sind, also gut ankommen.

Tim Aber das ist doch nichts Schlechtes? Warum wird den
Politikern das vorgeworfen?

Tom Viele Probleme sind kompliziert. Ein Populist tut so, als
gäbe es dafür ganz einfache Lösungen. Er flunkert also.

Tim Das ist zwar nicht in Ordnung, aber doch auch nicht so
schlimm.

Tom Ja, nur nutzen manche Politiker auch Dinge aus, die
den Leuten Angst machen oder die sie wütend machen.
Themen, die also sehr starke Gefühle auslösen. Zum
Beispiel Arbeitslosigkeit, Steuern oder Ähnliches. Politiker greifen solche Themen meist vor einer Wahl auf
und sagen, sie könnten alle Probleme, die das Land hat,
alleine lösen.

Tim Aha?

Tom Stell dir vor, es wäre bald Schulsprecherwahl an deiner
Schule. Zwei Kandidaten stellen sich zur Wahl. Der eine
verspricht euch Schülern die tollsten Sachen, wenn ihr
ihn wählt. Dass er zum Beispiel dafür sorgt, dass es keine Hausaufgaben mehr gibt und Klassenarbeiten nicht
mehr benotet werden.

Tim Das kann er doch gar nicht!

Tom Da hast du natürlich vollkommen recht. Aber manche
von deinen Mitschülern sind bestimmt genervt von

den vielen Hausaufgaben, oder sie haben Angst vor Klassenarbeiten, weil sie oft schlechte Noten schreiben und dann Ärger zu Hause kriegen. Das würde sie doch vielleicht verführen, den zu wählen, der verspricht, das alles abzuschaffen.

Tim **Na ja, ohne Hausaufgaben wäre die Schule wirklich toller.**

TOM Siehst du, du würdest also auch zumindest darüber nachdenken, diesem Kandidaten deine Stimme zu geben, oder?

Tim **Das stimmt. Aber eigentlich weiß ich doch, dass nur die Lehrer entscheiden, wie viele Hausaufgaben wir bekommen.**

TOM Dann bist du ein sehr «mündiger» Bürger oder ein mündiger Wähler. Der Schulsprecher-Kandidat würde aber nie zugeben, dass er Hausaufgaben gar nicht ändern kann, obwohl er es eigentlich selbst weiß.

Tim **Also lügt er!**

TOM Auf jeden Fall verschweigt er, dass er in Wahrheit gar nicht entscheiden kann, was er verspricht. Und genau das machen populistische Politiker, wenn sie gewählt werden wollen. Sie versprechen zum Beispiel, dass sie Benzin fürs Auto billiger machen wollen.

Tim **Ja, über die Benzinpreise schimpft mein Papa auch immer!**

TOM Und weil er sich so darüber ärgert, würde er vielleicht diesen Politiker auch wählen. Dabei weiß der Politiker ganz genau, dass er den Preis nur zum Teil beeinflussen kann. Und wenn er das verschweigt, dann wäre er populistisch.

Tim In der TAGESSCHAU kam etwas von einem früheren Terroristen. Der soll jemanden ermordet haben, und er war Mitglied bei der «RAF». Was ist das denn?

TOM Die Buchstaben R A F sind eine Abkürzung für «Rote Armee Fraktion». Das war eine Gruppe von Männern und Frauen, die sich 1970 zusammengeschlossen haben und Attentate und Überfälle begingen.

Tim Warum haben sie das gemacht? Wollten sie Geld?

TOM Na ja, nicht direkt. Die haben zwar auch Geld erbeutet, aber das war für sie nur Mittel zum Zweck. Eigentlich waren sie gegen vieles, was mit Geld zu tun hatte. Das wollten sie dann den Politikern auf ganz brutale Weise zeigen, und deshalb haben sie viele wichtige Menschen ermordet, beispielsweise Bankpräsidenten und Firmenchefs. Dabei sind auch Chauffeure und Polizisten ums Leben gekommen – insgesamt über 30 Menschen.

Tim Was hatte die R A F denn gegen die?

TOM Sie machte die Politiker und Geschäftsleute mit dafür verantwortlich, dass es anderswo auf der Welt Kriege, Armut und Unterdrückung gibt. Und sie meinte, das gebe ihnen das Recht, selbst Gewalt anzuwenden.

Tim Gibt es die R A F heute auch noch?

TOM Nein, viele Mitglieder der R A F wurden nach ihren Morden gefasst und kamen ins Gefängnis. Doch noch lange Zeit gab es viele Anhänger und Mitglieder, die auf freiem Fuß waren, sodass die R A F weitermachen konnte. Sie haben Menschen entführt und gedroht, sie umzubringen, wenn man ihre Gefangenen nicht freiließe. Aber am Ende – im Jahr 1998 – hat sich die R A F aufgelöst.

Tim Warum taucht das Wort dann immer noch in den Nachrichten auf?

Tom Von Zeit zu Zeit wird einer von ihnen aus der Haft
entlassen. Das beschäftigt sehr viele Menschen, vor
allem natürlich die Angehörigen der Opfer von damals.
Und manche Mitglieder der R A F sitzen noch heute im
Gefängnis, zum Beispiel Christian Klar, der vom Bundespräsidenten begnadigt werden wollte. Das hat aber
Bundespräsident Köhler abgelehnt. Möglicherweise
auch deshalb, weil Christian Klar nicht dazu beitragen
will, dass die Taten von damals vollständig aufgeklärt
werden können.

Tim Ihr redet in den Nachrichten gerade so oft von «Rezession» und dass die nicht gut für uns ist. Ist das so was wie eine Krankheit?

TOM Nein, ich kann dich beruhigen. Rezession ist keine Krankheit, jedenfalls nicht für Menschen. Für die Wirtschaft schon eher.

Tim Aber warum haben alle Angst davor?

TOM Rezession kommt aus dem Lateinischen und wird abgeleitet von dem Verb «recedere». Das bedeutet «zurückgehen». «Rezession» nennen die Wirtschaftsexperten eine bestimmte Zeit, in der die Geschäfte nicht mehr so gut laufen und die Umsätze zurückgehen.

Tim Was heißt das konkret?

TOM Ein Autohändler verkauft etwa während der Rezession weniger Autos, oder eine Firma, die Computer herstellt, kann nur noch wenige davon absetzen. Den gesamten Zeitraum, in dem Geschäfte mal gut laufen und dann mal wieder nicht so gut, musst du dir vorstellen wie eine Welle. Und die Rezession ist der Punkt, an dem es auf der Welle erst mal wieder nach unten geht.

Tim Kauft dann irgendwann überhaupt niemand mehr was? Das wäre ja schlimm.

TOM Na ja, ganz so schlimm wird's nicht. Nehmen wir doch nochmal deinen eigenen Job als Beispiel. Trägst du immer noch Prospekte und Zeitungen aus?

Tim Ja, sonst könnte ich ja nicht auf mein neues Fahrrad sparen.

TOM Gut! Jetzt stell dir aber mal vor, dass die Leute weniger Geld haben, um Zeitungen zu kaufen. Einige würden einfach keine mehr bestellen, sodass jetzt nur noch halb so viele Zeitungen verkauft werden. Dadurch trägst du

auch nur noch halb so viele Zeitungen aus und bekommst auch nur noch halb so viel Geld fürs Austragen.

Tim Was? Das wäre ja blöd.

TOM Ja, das wäre es wirklich. Aber es ist nicht so, dass alle Leute aufhören, Zeitungen zu kaufen. Du hast um die Hälfte weniger, aber immer noch ein bisschen zu tun, und du hast leider auch nur noch halb so viel Geld. Das tut dir natürlich schon ein bisschen weh.

Tim Und so läuft das in der Rezession?

TOM Du kannst dir sicher sein: So läuft das in der Wirtschaft auch. Im Grunde ist ja dein Zeitungsaustragen auch ein Teil der Wirtschaft, eben nur ein kleiner. Bei den großen Brocken, den großen Firmen, ist es so, dass die manchmal gar nicht hinterherkommen mit der Produktion, weil sie unglaublich viel verkaufen. Ein anderes Mal haben sie nicht genug Aufträge und müssen im schlimmsten Fall sogar Arbeiter entlassen.

Tim Wann ist denn so eine Rezession zu Ende? Weiß man das vorher?

TOM Leider nicht! Das kann man nicht absehen, wann so eine Abschwungphase zu Ende ist. Deshalb gehen auch die Kurse an der Börse in diesem Zeitraum erst immer nach unten (☞ DAX). Das ist auch der Grund, warum das Wort «Rezession» und die Börsenkurse in dieser Zeit ganz besonders oft in den Nachrichten auftauchen.

Tim Werdet ihr es in den Nachrichten auch melden, wenn diese Rezession vorbei ist?

TOM Ja, sicher melden wir so etwas in den TAGESTHEMEN. Dafür haben wir dann auch ein Wort, das nicht so kompliziert ist wie Rezession. Wir nennen das Erholung oder Aufschwung.

Tim Das klingt auch schon viel besser.

Riesterrente

Tim Was ist denn eine «Riesterrente»? Davon habe ich nicht nur in den Nachrichten gehört, sondern auch in der Werbung.

TOM Rente ist eine Art Einkommen. Dein Opa bekommt zum Beispiel eine monatliche Rente, einen bestimmten Geldbetrag, der ihm alle vier Wochen von der sogenannten Rentenversicherung überwiesen wird.

Tim Und woher haben die so viel Geld?

TOM Die haben selbst streng genommen gar kein Geld; die reichen nur Geld weiter.

Tim Häh? Was für Geld reichen die einfach weiter?

TOM Alle, die im Moment arbeiten, zahlen einen Betrag in die Rentenkasse. Deine Eltern zum Beispiel. Und das Geld wird dann weitergereicht an die, die im Augenblick Rentner sind. Und wenn deine Eltern selbst mal in Rente gehen, dann vertrauen sie darauf, dass du und deine Altersgruppe das auch so macht. Das nennt man den «Generationenvertrag».

Tim Dann ist in der Rentenkasse also gar kein Geld?

TOM Nur eine Reserve für ein paar Wochen. Aber alle zahlen so ein, als würde das Geld in eine große Spardose wandern. Das hat dein Opa früher auch gemacht. Die Firma, bei der er gearbeitet hat, hat zusätzlich noch etwas dazugegeben. Deshalb bekommt er jetzt seine Rente. Also: Solange man arbeitet, zahlt man in diese Kasse ein, damit man auch dann noch Geld bekommt, wenn man alt ist und nicht mehr arbeitet. Wie viel das ist, wurde früher danach berechnet, wie viel man eingezahlt hatte.

Tim Und was hat das alles mit der Riesterrente zu tun?

TOM Es gibt ein Problem mit dem Generationenvertrag. Das Geld wird knapp.

Tim Wollen die Jungen nicht mehr für die Rentner zahlen?

TOM So schlimm ist es noch nicht. Aber es gibt nicht mehr genug Junge, um die vielen Rentner auf Dauer zu bezahlen.

Tim Wie kommt das denn?

TOM Weil wir gesünder leben und die Medizin besser wird, werden wir immer älter. Das ist eigentlich erfreulich, aber dadurch braucht man länger Rente. Gleichzeitig gibt es immer weniger Junge. Das liegt daran, dass in den vergangenen Jahren nicht mehr so viele Kinder geboren wurden. Irgendwann wird es so sein, dass es relativ viele ältere Menschen gibt und weniger Menschen, die arbeiten und in die Rentenversicherung einzahlen. In den Nachrichten haben wir einen komplizierten Ausdruck dafür. Wir sagen: Das Rentenniveau sinkt.

Tim Heißt das etwa, dass meine Eltern weniger Geld bekommen werden, wenn sie mal Rentner sind, obwohl sie eingezahlt haben?

TOM Wahrscheinlich. Mir wird es auch so gehen. Und dir vermutlich auch.

Tim Das ist ja eigentlich gemein, oder?

TOM Ja, und deshalb besteht die Gefahr, dass irgendwann die Jungen den ganzen Generationenvertrag einfach aufkündigen. Das wäre aber noch gemeiner – nämlich gegenüber den Rentnern, die ihr ganzes Leben gearbeitet haben. Daher hat sich der damalige Arbeitsminister – ein Herr Riester – etwas ausgedacht: Jeder kann noch zusätzlich selbst etwas Geld für die Rente ansparen. Anders als bei einem Sparbuch zum Beispiel zahlt bei dieser sogenannten Riesterrente der Staat noch etwas dazu. Als Belohnung für diejenigen, die sich zusätzlich selbst um ihre Rente kümmern.

Tim Na, dann hoffe ich, dass das klappt und meine Eltern mal mit ihrer Rente auskommen.

Schengen-Raum

Tim In den Nachrichten wurde ein «Schengen-Raum» erwähnt. Ist das ein bestimmtes Zimmer?

Tom Nein! Fangen wir mal bei dem Wort «Schengen» an. Schengen ist eine ganz normale kleine Stadt in Luxemburg, wo sich 1985 fünf Regierungschefs getroffen haben.

Tim Und warum?

Tom Bei diesem Treffen haben sie vereinbart, dass es an den Grenzen zwischen ihren Ländern keine Kontrollen mehr geben soll. Früher standen zum Beispiel an einer Straße, die von Deutschland nach Frankreich führte, immer Zöllner. Die haben kontrolliert, wer über die Grenze fuhr und was die Leute dabeihatten. Und diese Kontrollen haben die Regierungschefs von Deutschland, Frankreich, Belgien, den Niederlanden und Luxemburg – das waren die fünf Länder – damals bei dem Treffen in Schengen abgeschafft. Das wurde in eine Art Vertrag geschrieben, und der nennt sich «Schengener Abkommen».

Tim Und das Zimmer, in dem sie sich in Schengen getroffen haben – ist das der Schengen-Raum?

Tom Nein, «Raum» hat in dem Fall nicht die Bedeutung von «Zimmer», sondern damit ist der große Raum oder die Fläche gemeint, die alle Länder zusammenfasst, die sich an das Abkommen von Schengen halten. Inzwischen sind übrigens noch viele Länder dazugekommen.

Tim Warum braucht man für so was ein Abkommen? Man kann doch einfach nur die Kontrollen abschaffen, oder?

Tom Am besten stellst du dir den Schengen-Raum wie ein Mietshaus vor, mit vielen einzelnen Wohnungen drin. Dieses Haus ist der Schengen-Raum, und die Wohnungen sind die einzelnen Länder, die dazugehören. Und anstatt dass jeder in diesem Haus seine Wohnungstür dreimal abschließt und jedes Mal aus dem Fenster guckt, wer unten vor der Haustür steht, haben die Bewohner eine Abmachung getroffen: Wir stellen einen Wächter unten vor die Haustür, und der kontrolliert alle, die in das Haus reinwollen, und sperrt die Haustür auf und zu. Dadurch können wir innerhalb des Hauses die einzelnen Wohnungstüren offen stehen lassen und uns freier bewegen.

Tim **Aha, aber dann muss man an der Haustür schon richtig gründlich kontrollieren.**

Tom Ja, das stimmt. Die Haustür ist sozusagen die Außengrenze vom Schengen-Raum. Wer da reinwill, wird besonders gründlich kontrolliert, so haben das die Regierungschefs vereinbart. Außerdem kann die Polizei der einzelnen Länder besonders eng zusammenarbeiten.

Schmiergeld

Tim Neulich habt ihr schon wieder über so eine «Schmiergeldaffäre» berichtet. Was ist denn das?

Tom Bei einer Schmiergeldaffäre bekommen Menschen heimlich Geld, damit sie jemandem einen Vorteil verschaffen. Das ist ein Verbrechen, denn dieser Vorteil ist anderen gegenüber unfair.

Tim Was meinst du denn mit «Vorteil verschaffen», und warum ist das unfair?

Tom Wenn man jemandem heimlich einen Gefallen tut und dafür Geld oder etwas anderes nimmt, ist das unfair. Denn der Vorteil des einen ist ein Nachteil für alle anderen. Ich gebe dir mal ein Beispiel: Für welche Klassenarbeit lernst du gerade?

Tim Physik, schon den ganzen Nachmittag.

Tom Du Armer! Du strengst dich also an, du lernst, und dann schreibst du die Klassenarbeit. Jetzt stell dir vor, einer, der sich überhaupt nicht in Physik anstrengt und auch gar nicht so viel weiß, sagt dir, dass er sowieso eine gute Note bekommt. Er müsste gar nichts lernen, weil sein Vater der Schule Geld für Computer spendet, damit sein Sohn nicht sitzenbleibt.

Tim Waaaas? Das ist ja das Allerletzte!

Tom Genau! Ihr Schüler müsst alle gleich behandelt werden, und gute Noten sollt ihr dann bekommen, wenn ihr lernt und euch anstrengt, und nicht, weil irgendwelche Eltern der Schule Geld zahlen. Das wäre dann Schmiergeld.

Tim Und wie sieht so etwas bei euch Erwachsenen aus?

Tom Wenn eure Schule zum Beispiel anbaut, dann bezahlt das ja die Stadt oder die Gemeinde, und zwar mit Steuergeldern von uns allen. Darum sollte es möglichst

preiswert sein. Um den Bauauftrag bewerben sich viele
Firmen, und die Firma, die das beste und günstigste
Angebot macht, kriegt den Zuschlag.

Tim Klar, das ist doch logisch.

TOM Eigentlich schon. Und dafür gibt es auch ein Amt, das
ganz unparteiisch, so wie ein Schiedsrichter, entscheidet, wer den Bau ausführen darf. Wenn aber eine Firma,
die eigentlich teurer baut, dem zuständigen Beamten
Geld gibt, ihn sozusagen «schmiert», um den Auftrag
zu kriegen – dann wird der Schulanbau viel teurer, als es
sein müsste, und die Allgemeinheit zahlt drauf. Das ist
ein Beispiel für die schlimmen Folgen von Schmiergeld.

Tim Verstehe, aber warum heißt das jetzt eigentlich Schmiergeld?

TOM Das ist ein sehr altes Wort, das noch aus einer Zeit
stammt, als die Menschen mit Pferdekutschen unterwegs waren. Die Räder der Kutschen quietschten oft
ganz schrecklich, und die Kutscher haben sie dann mit
Schmierfett eingerieben. Das Fett haben sie aber nur
gekauft, wenn sie vorher von den Passagieren außer
dem Fahrgeld noch zusätzlich etwas Schmiergeld bekommen haben.

Tim Damals hätte ich aber auch Schmiergeld gezahlt. Ge-
quietsche finde ich ganz schrecklich!

Tim Es gibt doch jetzt eine Linkspartei. Wenn von denen die Rede ist, dann hört man immer wieder mal das Wort «sozialistisch» – was bedeutet das?

Tom Hinter dem Begriff «sozialistisch» oder «Sozialismus» steckt das lateinische Wort «socius», das bedeutet «gemeinsam» oder «verbunden». Der Begriff Sozialismus entstand vor rund 200 Jahren in Frankreich. Damals kam es in vielen europäischen Ländern zu großen Veränderungen: Es wurden Könige gestürzt und Parlamente gegründet, die Bürger wollten selber mitreden und mitentscheiden. Dabei veränderte sich auch die Wirtschaft. Kleine Handwerksbetriebe verschwanden, und die ersten Fabriken entstanden. Aber vielen Arbeitern ging es nicht gut. Sie lebten in Armut und mussten unter schlechten Bedingungen hart arbeiten.

Tim Und dann wurde alles sozialistisch?

Tom Nein, aber die Leute haben sich überlegt, wie man gerechter zusammenleben könnte. Damit nicht einige wenige Fabrikbesitzer reich sind und viele Arbeiter arm. Und jetzt muss ich dir noch einen anderen Begriff erklären: «Kapitalismus», das ist der Gegensatz zu «Sozialismus».

Tim Noch so ein Fremdwort! Was ist denn das schon wieder?

Tom Kapitalismus kommt von dem Wort «Kapital» – das bedeutet so viel wie «Vermögen». Eigentlich können wir auch gleich «Geld» dazu sagen. Wer eine Fabrik aufbauen will, braucht viel Geld, um Maschinen, Gebäude und Grundstücke zu kaufen und zu besitzen und um Waren herzustellen und zu verkaufen. Alles mit dem Ziel, das Kapital, also das Geld zu vermehren.

Tim Kapitalismus bedeutet also: Einer hat viel Geld und eine

Firma und Maschinen, womit er noch mehr Geld verdient?

Tom Man kann auch klein anfangen und sich etwas aufbauen, bis einem dann eine Fabrik oder eine Firma gehört. Kapitalismus bedeutet im Grunde, dass jeder das Recht hat, Privatbesitz zu erwerben und den einzusetzen, um ihn zu vermehren. Sozialismus bedeutet im Gegensatz dazu, dass die Maschinen, Gebäude, Fabriken, Grundstücke und so weiter allen Staatsbürgern gehören. So war das übrigens viele Jahre in einem Teil von Deutschland.

Tim Du meinst die DDR?

Tom Ganz genau. In der DDR gehörten die Fabriken und großen Bauernhöfe dem Staat, also allen Staatsbürgern der DDR – zumindest offiziell.

Tim Eigentlich ist es doch gerecht, wenn alles allen gehört.

Tom Wenn man es sich so vorstellt, scheint es auch gerecht zu sein. Aber es funktioniert nicht einfach so, wie man das gerne hätte. Habt ihr in der Schule einen Gemeinschaftsraum?

Tim Ja, da können wir hingehen, wenn wir etwas Zeit haben.

Tom Und wie sieht der aus?

Tim Ziemlich verlottert. Auf dem Boden liegt immer was rum, und in die Tische sind Sprüche eingeritzt.

Tom Weil der Raum allen gehört, fühlt sich keiner verantwortlich. Es scheint einfach menschliche Natur zu sein, dass man Dinge, die einem allein gehören, besser behandelt. Das ist ein Problem mit dem Sozialismus: Wenn man nicht in die Fabriken investiert und sie in Schuss hält, dann verlottern sie.

Tim Manchmal schimpft aber unser Lehrer, und dann müssen wir den Gemeinschaftsraum fegen und alles aufräumen. Das finde ich allerdings gemein, weil der Dreck ja gar

nicht von uns kam, sondern von irgendwelchen anderen Schülern.

TOM Da siehst du gleich noch eine Wahrheit über diese schöne Idee: Auf dem Papier gehört der Gemeinschaftsraum euch allen. Aber in Wirklichkeit gibt es doch jemand, der der Boss ist. Bei euch ist das der Lehrer, im Sozialismus ist es oft eine bestimmte Partei oder der Staatschef.

Tim **Heißt das, dass Sozialismus nichts taugt oder schlecht ist?**

TOM Nicht unbedingt. Aber es gibt eben noch kein Land, in dem der Sozialismus wirklich so gerecht und erfolgreich umgesetzt wurde, wie man sich das vorgestellt hat.

Tim Wenn Politiker über «Stammzellen» diskutieren – um was geht es da?

Tom Stammzellen sind so etwas wie die Ursprungszellen in Menschen und Tieren. Du kannst sie dir wie einen Hefewürfel vorstellen. Um einen schönen Kuchen zu backen, braucht deine Mama ein Stückchen von der Hefe.

Tim Für Hefezopf, für Streuselkuchen, für Pflaumenkuchen – ich liebe Kuchen!

Tom Diese Kuchen sind alle ganz verschieden. Aber trotzdem steckt in ihnen allen etwas, ohne das sie nicht so schön aufgegangen wären: die Hefe.

Tim Was hat das denn mit einer Stammzelle zu tun?

Tom Aus den Stammzellen können ganz unterschiedliche andere Zellen wachsen und sich entwickeln.

Tim So wie die Kuchensorten?

Tom Ein bisschen schon. Aus manchen Stammzellen wächst ein Herz oder die Knochen der Hand. Und deshalb hofft man, dass damit später einmal schwere Krankheiten geheilt werden können.

Tim Das wäre toll. Aber warum reden Politiker über Stammzellen und nicht Ärzte?

Tom Das Forschen mit solchen Stammzellen ist sehr kompliziert. Es gibt nämlich mehrere Sorten von Stammzellen. Zum Beispiel solche, die dann entstehen, wenn ein Lebewesen noch nicht voll entwickelt ist, wenn es noch ein Embryo ist.

Tim Embryo?

Tom Jedes Säugetier und jeder Mensch wächst aus einem Embryo. Das ist ein klitzekleines Gebilde, das in den ersten Tagen entsteht, nachdem eine Eizelle befruchtet wurde.

Also in einer ganz, ganz frühen Phase auf dem Weg, ein Lebewesen zu werden. In dieser frühen Phase haben Forscher solchen Embryos Stammzellen entnommen, um damit zu forschen.

Tim Geht da der Embryo kaputt?

TOM Ja, denn dann kann kein Lebewesen mehr entstehen. Deshalb ist so etwas in Deutschland verboten. Trotzdem gibt es aber – auch hierzulande – ganz viele Embryos, die übrig bleiben und weggeworfen werden. Das passiert, wenn Ärzte Frauen mit einer künstlichen Befruchtung helfen wollen, dass sie schwanger werden. Damit das klappt, muss man mehrere Eizellen befruchten. Aber nur eine davon wird der Frau letztlich eingepflanzt, damit daraus ein Kind wird. In anderen Ländern ist es erlaubt, den übriggebliebenen Embryonen die Stammzellen zu entnehmen. Deshalb arbeiten auch deutsche Forscher mit diesen Stammzellen.

Tim Ah, jetzt verstehe ich, dass sich die Politiker einmischen. Niemand will ja, dass Lebewesen zerstört werden.

TOM Deshalb versuchen die Politiker die Gesetze so zu machen, dass keine Embryonen in Gefahr sind, die Forscher aber trotzdem die Möglichkeit haben, neue Mittel gegen Krankheiten zu entdecken.

Steueroase

Tim   In der TAGESSCHAU wurde von einem Mann berichtet, der sein Geld in eine «Steueroase» gebracht hat. Dafür ist er sogar bestraft worden. Was ist denn so eine Steueroase?

TOM   Das ist ein heikles Thema. Was Oasen sind, weißt du, oder?

Tim   Ich weiß, dass sie in der Wüste sind und dass es dort Wasser gibt.

TOM   Genau! Eine Oase ist ein Ort, an dem es etwas gibt, was es weit und breit sonst nicht gibt. Und es ist ein Ort, an dem man vor den Strapazen der Wüste seine Ruhe hat. So in etwa ist das bei den Steueroasen auch. Da hat man vor den Steuern seine Ruhe. Was Steuern sind, weißt du auch, oder?

Tim   Das hast du mir schon mal erklärt (☞ Mehrwertsteuer). Die zahlen wir, damit der Staat seine Aufgaben erfüllen kann.

TOM   Richtig. Die Steuern gehen in eine Art Gemeinschaftskasse für einen guten Zweck. So wie die Klassenkasse in eurer Klasse.

Tim   Ja, damit finanzieren wir zum Beispiel Ausflüge.

TOM   Genauso ist das mit der Steuer. Die Steuern fließen sozusagen in die Klassenkasse von ganz Deutschland. Und das Geld benutzt die Regierung dann, um Schulen zu bauen und Straßen oder aber auch, um die Bundeskanzlerin zu bezahlen.

Tim   Das habe ich kapiert. Und was ist jetzt eine Steueroase?

TOM   Das ist ein Ort für Leute, die ihre Steuern nicht bezahlen wollen oder wesentlich weniger bezahlen wollen. Die finden die Steuern bei uns zu hoch. In Deutschland passt der Staat, genauer gesagt: das Finanzamt auf, dass niemand zu wenig Steuern bezahlt. Manche Leute gehen deshalb in ein Land, wo wenig oder gar keine Steuern erhoben werden. Wenn sie ganz dahin umziehen und dort leben, ist das auch nicht verboten, denn dann bekommen sie ja auch keine Leistungen von der Gemeinschaft mehr – ihre Kinder gehen nicht mehr auf deutsche Schulen, und sie fahren nicht mehr über unsere Straßen. Das wäre so, als wenn jemand in eine andere Schule geht – dann braucht er auch nichts mehr in eure Klassenkasse einzuzahlen.

Tim Das ist ja klar. Aber warum regen sich dann alle so über Steueroasen auf?

Tom Manche Leute bleiben hier wohnen und bringen ihr verdientes Geld heimlich in ein anderes Land. Natürlich in eines, das nur sehr wenig Steuern von seinen Bürgern und von deren Ersparnissen haben will. Luxemburg ist so ein Land. Diese Leute hoffen, weil sie es heimlich tun, dass sie dort Ruhe vor der deutschen Steuer haben.

Tim Ich verstehe das immer noch nicht richtig.

Tom Stell dir das so vor: Deine Eltern kaufen dir und deinem kleinen Bruder eine Playstation. Und sie sagen gleich am Anfang, dass sie euch beiden gemeinsam gehört und ihr sie euch teilen müsst. Es passt dir aber nicht, dass dein Bruder dauernd vor der Playstation sitzt. Schließlich hast du so lange gewartet, sie zu bekommen.

Tim Das würde mir wirklich nicht passen. Er würde bestimmt nur langweiliges Zeug spielen!

Tom Siehst du, kein Unrechtsbewusstsein! Du könntest dann also die Playstation wegbringen, heimlich, mit ihr «flüchten» und sie verstecken, wo sie niemand findet. Du würdest sie zum Beispiel zu einem Freund bringen. Der würde sie in sein Zimmer stellen und niemandem erzählen, dass er sie hat. Du hingegen würdest behaupten, dass Einbrecher die Playstation geklaut hätten.

Tim   Das ist doch eine gute Idee!?

TOM   Aber es wäre nicht richtig. Du hast dich schließlich verpflichtet, die Playstation mit deinem Bruder zu teilen! Auch dein Freund verhält sich nicht korrekt, weil er davon weiß, dass du deine Eltern und deinen Bruder anlügst. Aber er hat selbst einen Vorteil davon. Er kann die Playstation schließlich benutzen, wenn du nicht da bist.

Tim   Und was hat das Ganze mit einer Steueroase zu tun?

TOM   In eine Steueroase bringen manche Leute das Geld, das sie verdienen, und tun in Deutschland so, als ob sie viel weniger verdient hätten. Das andere Land spielt mit und tut so, als ob es diese Leute nicht kennen würde und nichts davon wüsste. Und verlangt nur einen ganz geringen Betrag an Steuern von ihnen.

Tim   Und warum macht das andere Land das?

TOM   Zum Beispiel, weil es selbst nur sehr wenige Bürger hat. Und wenn Bürger aus anderen Ländern kommen und die niedrigen Steuern zahlen, sind das immer noch mehr, als sie allein von ihren eigenen Bürgern hätten. Mit dem Geld, das in einem anderen Land auf einem Sparkonto liegt, kann dieses Land dann auch arbeiten. Zum Beispiel kann es das Geld weiterverleihen. Es gibt aber nicht so viele Länder mit sehr niedrigen Steuersätzen, und deswegen sind dann solche Länder wie Oasen.

Tim Im Radio kam etwas über einen «Tarifkonflikt». Da können sich irgendwelche Leute nicht einigen, und es ist kein Durchbruch in Sicht. Was ist denn ein Tarifkonflikt?

Tom Ich fang mal hinten an. Das Wort «Konflikt» kommt wieder mal aus dem Lateinischen – von «configere», das heißt «zusammenschlagen» oder «zusammenprallen». Und bei einem Konflikt prallen unterschiedliche Meinungen aufeinander. Eigentlich bedeutet es schlichtweg «Streit».

Tim Und wer hat bei einem Tarifkonflikt Streit?

Tom Zum Beispiel die Chefs und die Arbeiter einer Firma.

Tim Und um was geht es da?

Tom Im Prinzip ums Geld, womit wir beim ersten Teil des Wortes sind: «Tarif» beschreibt den Lohn, den ein Arbeiter pro Stunde bekommt, und wie viele Stunden er pro Woche arbeitet. Aber so ein Tarif gilt nur eine bestimmte Zeit, danach wird er immer wieder neu ausgehandelt.

Tim Wenn ich mehr Taschengeld haben will – ist das dann auch ein Tarifkonflikt?

Tom Nicht so ganz. Es ist schon ein Konflikt, aber nicht unbedingt ein Tarifkonflikt. Denn wenn du ehrlich bist, musst du dich für dein Taschengeld ja nicht anstrengen, also nicht arbeiten, oder?

Tim Aber was ist mit dem Geld, das ich für gute Noten bekomme?

Tom Das kann man schon eher vergleichen. Gute Noten schaffst du nur mit viel Arbeit, und wenn du dafür eine Belohnung bekommst, ist das schon ein Training für dein Erwachsenenleben. Wer was leistet, bekommt einen Lohn. Allerdings ist bei deinen Schulnoten nicht der Lohn das Wichtigste, sondern du lernst eigentlich etwas für dich selbst. Das wird dir ja später einmal etwas nützen.

Tim Ja, ja, schon klar.

Tom Oh, ich merke, das Thema passt dir nicht. Nehmen wir ein anderes Beispiel: Erinnerst du dich noch an den Mindestlohn? Den Begriff habe ich dir ja schon mal erklärt (☞ Mindestlohn).

Tim Ja! Da ging es darum, dass man mindestens so viel für eine Arbeit bekommt, dass man davon leben kann.

Tom Genau, und beim Tarifkonflikt wird nicht um den Mindestlohn, sondern um die Höhe des Lohns überhaupt gestritten. Wir können nochmal dasselbe Beispiel nehmen. Du hattest mir ja erzählt, dass du Prospekte austrägst. Nehmen wir an, du bekommst da mehr als den Mindestlohn. Aber du findest, dass es trotzdem nicht genug ist. Du bist besser geworden, trägst alle Prospekte zuverlässig und schnell aus.

Tim Also würde ich gerne mehr Geld bekommen.

Tom Da haben wir den Tarifkonflikt! Wenn du mehr möchtest, kannst du versuchen, mit deinem Tarifpartner – das ist derjenige, der dich bezahlt – zu verhandeln. Um zu vermeiden, dass sich aus dem Konflikt ein richtiger Streit entwickelt, ist es wichtig, dass fair verhandelt wird. Damit man weiter zusammenarbeiten kann, nachdem man den Konflikt beigelegt hat.

UNO

Tim In den Nachrichten höre ich häufig was von der «UNO». Aber es geht jedes Mal um andere Sachen, zum Beispiel eine Hungersnot oder das Klima oder ein Land, in dem es nicht gerecht zugeht. Und immer hat diese UNO was damit zu tun. Was ist denn die UNO?

Tom Die UNO, das sind auf Deutsch die Vereinten Nationen. Aber bei der Abkürzung richtet man sich nach dem englischen Ausdruck «United Nations Organization». Die haben ihren Hauptsitz in New York, und da treffen sich die Vertreter von ganz vielen Ländern der Erde. Im Moment sind es 192.

Tim Und was machen die, wenn sie sich treffen?

Tom Sie besprechen Probleme, die die ganze Welt angehen. Es geht zum Beispiel darum, was die Länder gemeinsam tun können, um die Natur zu schützen (☞ Kyoto-Protokoll). Oder wie einige Länder helfen können, wenn es irgendwo auf der Welt eine Hungerkatastrophe gibt. Vor allem aber geht es darum – und davon hörst du meistens im Zusammenhang mit der UNO –, für Frieden auf der Welt zu sorgen.

Tim Wie machen die das?

Tom Wenn zwei Länder sich streiten, versuchen die Vereinten Nationen in dem Streit zu vermitteln. Das macht dann meistens der Vorsitzende der UNO – der Generalsekretär. Er wurde von den Ländern gemeinsam bestimmt, und vor ihm haben die meisten Politiker auch etwas Respekt, weil er neutral ist, so wie ein Schiedsrichter. Nützen aber die Vermittlungen des Generalsekretärs nichts, dann kann die UNO ein Land auch bestrafen, wenn es sich nicht an den Frieden halten will. Wenn es bei dir in der Schule einen gäbe, der immer Är-

ger macht, würdet ihr euch auch zusammenschließen, damit er aufhört.

Tim Mit so einem will bei uns dann keiner mehr was zu tun haben.

Tom Genauso versuchen es die Länder bei der UNO auch. Und wenn es gutgeht, dann sehen die Chefs in dem betroffenen Land ein, dass sie mit «Ärgermachen» überhaupt nichts erreichen.

Tim Aber was ist, wenn sie das nicht einsehen?

Tom Dann kann im äußersten Fall die UNO ihren Mitgliedsländern erlauben, dass sie Soldaten in das Land schicken. Die versuchen dann, die Regierung des Landes abzusetzen. Das geht übrigens auch, wenn eine Regierung ihr Volk unterdrückt (☞ Diktatur). Denn die UNO will grundsätzlich, dass bestimmte Menschenrechte eingehalten werden. Zum Beispiel, dass jeder seine Meinung sagen darf (☞ Menschenrechte).

Tim Wieso gibt es denn überhaupt noch Kriege und unfaire Regierungen, wenn es doch die UNO gibt?

Tom Tja, wenn alles immer so funktionieren würde, wie ich das gerade beschrieben habe, dann gäbe es die nicht mehr. Aber die UNO ist auf die Hilfe ihrer Mitgliedsländer angewiesen, vor allem auf die der großen Länder, wie Amerika oder China. Die wollen aber manchmal gar nicht, dass sich die UNO einmischt, weil sie vielleicht mit dem Land, das Ärger macht, befreundet sind.

Tim Was passiert dann?

Tom In so einem Fall kann die UNO nichts machen. Manchmal ist aber auch gar nicht richtig klar, wer die Bösen sind. Wenn zum Beispiel in einem Land verschiedene Gruppen darum kämpfen, wer bestimmen darf (☞ Bürgerkrieg). Da behaupten dann natürlich alle, dass sie im Recht sind und das Sagen haben.

Tim   Kann da die UNO was machen?

Tom   Ja, die UNO hat die Möglichkeit, sogenannte Blauhelm-soldaten hinzuschicken. Die haben übrigens tatsächlich blaue Helme auf, damit sie von allen erkannt werden. Das ist wichtig, denn die Blauhelmsoldaten kämpfen eigentlich nicht für eine Gruppe und schließen sich auch keiner Gruppe an. Sie stellen sich zwischen die verfeindeten Gruppen, damit die erst mal nicht mehr aufeinander losgehen. Und dann wird wieder versucht, zu vermitteln.

Tim   Klingt alles ganz schön schwierig.

Tom   Das ist es auch. Deshalb streiten die Länder bei der UNO oft darüber, was getan werden soll. Das kann sich ganz schön lange hinziehen, und deshalb siehst du in den Nachrichten auch so oft Berichte über die UNO und fragst dich dabei: Warum kommt es nicht zu einer Lösung?

Tim   Aber immerhin wird über eine Lösung nachgedacht. Ich finde die UNO gut, und wenn ich mal nach New York komme, gehe ich auch dahin.

Untersuchungsausschuss

Tim Sag mal, Tom – was meinen Politiker, wenn sie von einem «Untersuchungsausschuss» sprechen? In den Nachrichten wurde gesagt, dass da womöglich unangenehme Wahrheiten ans Licht kommen.

TOM Einen Untersuchungsausschuss könnte man beschreiben als eine Gruppe von Politikern, die so ähnlich wie Detektive arbeiten.

Tim Schleichen die dann nachts durchs Parlamentsgebäude?

TOM Nein, die treffen sich ganz normal tagsüber in den Sitzungsräumen des Bundestages oder auch eines Landtages. Es gibt nämlich auch Untersuchungsausschüsse in den Landtagen. Und das kommt so: Wenn irgendjemand den Verdacht hat, dass in der Bundesregierung oder in einer Landesregierung etwas schiefläuft oder irgendetwas komisch wirkt, dann kann es sein, dass ein Untersuchungsausschuss eingesetzt wird. Da geht es manchmal auch um Sachen, die schon ein wenig zurückliegen, aber noch nicht endgültig geklärt sind. Der Untersuchungsausschuss soll dann rausfinden, ob an dem Verdacht was dran ist.

Tim Wer gründet den Untersuchungsausschuss? Kann das jeder machen?

TOM Nein. Damit überhaupt ein Untersuchungsausschuss eingerichtet wird, muss mindestens ein Viertel der Abgeordneten in einem Parlament dafür sein. Es reicht nicht, wenn nur ein oder zwei Leute einen Verdacht haben.

Tim Und wann gab es so einen Untersuchungsausschuss schon mal?

TOM Gar nicht so selten, beim Gammelfleisch zum Beispiel. Davon hast du ja vielleicht auch schon gehört.

Tim   Ja, iiiiih, wie eklig!

Tom   Darüber haben wir auch oft berichtet. Aber in diesem Fall war es so, dass in Bayern jemand vermutet hat, manche Politiker hätten zu wenig gegen den Verkauf von Gammelfleisch getan. Deshalb gab es einen Untersuchungsausschuss im Bayerischen Landtag.

Tim   Sind das immer die gleichen Leute, die da wie Detektive arbeiten?

Tom   Nein, das sind immer Experten aus dem Parlament, die sich mit dem jeweiligen Thema gut auskennen.

Tim   Wenn der Untersuchungsausschuss was rausfindet, darf er dann die Schuldigen bestrafen?

Tom   Nein, das darf er nicht. Detektive dürfen ja auch keine Strafen verhängen, das darf dann nur ein echtes Gericht. Ein Untersuchungsausschuss soll lediglich die Wahrheit ans Licht bringen.

Tim   Und was bringt dann so ein Untersuchungsausschuss, wenn er gar nichts darf?

Tom   Er kann dazu beitragen, dass sich Politiker und Regierung an die Gesetze halten und dass nichts vertuscht wird. Wann immer sich so ein Untersuchungsausschuss mit einem Thema befasst und Beweise sammelt, hören auch viele Journalisten zu und berichten darüber, und alle erfahren davon. In manchen Fällen, allerdings ganz selten, darf sogar das Fernsehen live dabei sein. Das war zum Beispiel mal vor ein paar Jahren so, als der damalige Bundesaußenminister Joschka Fischer angehört wurde.

Tim   Reißen sich die Politiker danach am Riemen und vertuschen auch nichts mehr?

Tom   Wenn es gut läuft, machen die das.

US-Präsidentschafts-wahlen

Tim In den Nachrichten kam das ganze Jahr lang etwas über Wahlen in Amerika. Was haben die denn ständig gewählt?

TOM Oh, das ist gar nicht so einfach. Im November durften die Amerikaner einen neuen Präsidenten wählen. Davor waren sie auf der Suche nach Kandidaten, also Politikern, die sich zum Präsidenten wählen lassen wollen.

Tim Aber die Wahlen waren doch erst im November. Warum haben sie denn vorher schon die ganze Zeit gewählt?

TOM Das waren die Vorwahlen. In den USA ist das ein bisschen anders als hier in Deutschland.

Tim Warum denn Vorwahlen? Das kapiere ich nicht so richtig.

TOM Ich erkläre es dir am besten wieder mit einem Beispiel. Nehmen wir mal an, es muss ein neuer Schulsprecher gewählt werden. Eure Schule hat fünfzig Klassen, so wie Amerika fünfzig Bundesstaaten hat: die 5a, die 6b, die 7c, die 10d und so weiter. Aus diesen 50 Klassen wollen sieben Schüler gerne Schulsprecher werden. Stell dir vor, dein großer Bruder wäre wieder dabei, aber auch Ben, dein Lieblingstrainer aus der Handball-AG und andere.

Tim Puh, da würde mir die Entscheidung aber schwerfallen.

TOM Siehst du? Je mehr Kandidaten, desto schwerer die Entscheidung. Aus diesem Grunde würde man vorher in den Klassen schon mal rumfragen und so eine Art Vorwahl machen. Eine Klasse nach der anderen müsste abstimmen und aus den Kandidaten – die sieben Jungs und Mädels, die Schulsprecher werden wollen – schon mal die zwei beliebtesten raussuchen.

Tim Das bedeutet, dass wir bei der eigentlichen Schulsprecherwahl dann nur noch zwischen zwei statt zwischen sieben Kandidaten entscheiden müssten. Richtig?

TOM Genau. Bei den Vorwahlen in Amerika kommt noch hinzu, dass das nach Parteien getrennt ist. Das Prinzip lautet jedenfalls: kleine Wahlen vor den richtigen Wahlen im November. Und deswegen heißen die «Vorwahlen».

Tim Warum haben wir hier in Deutschland keine Vorwahlen?

TOM Tja, bei uns wollen lieber die Parteien entscheiden, wer für wichtige Posten kandidiert. Ich glaube, die denken, dass sie das selber am besten wissen – besser als wir. Deshalb können wir bei den Wahlen nur bei den Parteien unser Kreuzchen machen und einen Abgeordneten noch direkt wählen in seinem Wahlkreis. Aber wir können in Deutschland als Bürger nicht direkt den Präsidenten oder die Bundeskanzlerin wählen. Da sagen die Parteien: Wir entscheiden vorher selbst, wer unser «Spitzenkandidat» sein soll – so nennt man den Kandidaten für einen Top-Posten.

Tim Okay, verstehe. Gibt es denn in Amerika in jedem Bundesstaat so eine Vorwahl?

TOM Ja. Jeder Bundesstaat darf seine zwei beliebtesten Kandidaten bestimmen. Nacheinander und getrennt nach Parteien. Und allein das ist schon so spannend – eben weil es sehr demokratisch ist –, dass wir darüber alle vier Jahre berichten.

Tim Und am Ende dürfen dann die beliebtesten Kandidaten zur Schulsprecherwahl, äh, zur Präsidentschaftswahl antreten?

TOM Ja, das kann man so sagen. Erst nach allen Vorwahlen stand endgültig fest, wer bei der großen Präsidentschaftswahl im November antreten durfte.

Tim Trotzdem habe ich immer noch nicht verstanden, warum Radio und Fernsehen so viel über diese Wahlen berichten. Wir leben doch hier in Deutschland und haben eigene Wahlen.

Tom Der Präsident von Amerika ist ein sehr wichtiger Mann, und zwar für die ganze Welt.

Tim Und warum?

Tom Stell dir die Welt einmal wie die Fußball-Bundesliga vor. Da gibt es Vereine, die viel Geld haben und erfolgreich spielen, und das auch schon seit sehr langer Zeit. Zum Beispiel der FC Bayern. Wenn der einen neuen Trainer kriegt, kommt das öfter im Fernsehen als der Trainerwechsel bei einem kleinen Verein.

Tim Zum Beispiel Cottbus oder Bochum?

Tom Gutes Beispiel, aber wir wollen sie damit nicht beleidigen. Wenn der FC Bayern also einen neuen Trainer bekommt, kann das Auswirkungen auf den Rest der Bundesliga haben. So wie es Auswirkungen auf die ganze Welt haben kann, wenn ein neuer US-Präsident sein Amt antritt. Natürlich kann man diese beiden Sachen nicht hundertprozentig vergleichen. Es ist eigentlich noch viel komplizierter, aber so in etwa kannst du es dir vorstellen.

Tim Das mit dem FC Bayern hab ich verstanden. Aber warum sind die USA für den Rest der Welt so wichtig?

Tom Unter anderem, weil die USA anderen Ländern viel Geld geben. Oder weil sie ihre Soldaten in andere Länder schicken. Manchmal geschieht das, um zu helfen, und manchmal, um etwas Bestimmtes zu erreichen. Über all das entscheidet zu einem großen Teil der US-Präsident. Er ist sehr mächtig und kann sehr viel unabhängig von anderen entscheiden. Außerdem sind die USA wirtschaftlich ein sehr wichtiges Land, weil viele wichtige und erfolgreiche Firmen und Produkte von dort kommen. Und viele andere Länder schauen zu den USA auf, sehen sie als Vorbild. Deswegen haben sie sich auch sehr dafür interessiert, wer der neue Präsident der USA wird.

Warnstreik

Tim Im Radio wurde gemeldet, dass morgen keine U-Bahnen fahren, wegen eines «Warnstreiks»! Kannst du mir erklären, was das ist?

TOM Nein.

Tim Aber warum denn nicht? Was ist los?

TOM Ich streike!

Tim Und dann sagst du nichts mehr?

TOM Genau.

Tim Aber so werde ich doch nie erfahren, was ein Warnstreik ist.

TOM So ähnlich ist es auch bei einem echten Warnstreik. Ich verweigere meine Arbeit, und du wirst immer unruhiger. Irgendetwas muss passieren. Stell dir vor, eine Autofirma baut ganz viele schicke Autos, die jeder haben will. Die Nachfrage ist so groß, dass die Firma kaum mit dem Autobauen hinterherkommt. Die Mitarbeiter schuften hart, machen Überstunden, und der Firma geht es so richtig gut – denn sie verkauft massenhaft Autos.

Tim Wenn die Firma so viel Geld mit den Autos verdient und die so viel arbeiten müssen, dann wäre es doch fair, wenn die Mitarbeiter ein bisschen mehr Geld bekommen würden, oder (☞ Tarifkonflikt)?

TOM Ja, das haben sie ihren Chefs auch gesagt. Aber die Chefs sagen: «Wir können euch nicht mehr Geld bezahlen, weil ja immer alles teurer wird. Denkt nur mal an den Strom für die Maschinen und das Metall, das wir für die Autos kaufen müssen! Wenn wir euch noch mehr Geld bezahlen, wird es irgendwann so knapp, dass wir am Ende einige von euch entlassen müssen.» Da gibt es also auf jeder Seite unterschiedliche Meinungen, und es geht hin und her.

Tim Und was passiert, wenn die sich nicht einig werden?

TOM Dann schließen sich die Arbeiter zusammen und unter-
brechen für kurze Zeit ihre Arbeit. Sie streiken für ein
paar Stunden, und in der Firma wird nicht gearbeitet.
Das ist die Warnung für den Chef, dass es den Arbeitern
ernst ist. Meistens treffen sie sich dann vor der Firma
und haben Fahnen und Trillerpfeifen, damit möglichst
viele Menschen mitkriegen, dass sie wütend sind.

Tim Davor hat so ein Firmenchef doch bestimmt Angst, weil
ja die Autos dann nicht fertig werden.

TOM Ja, da kann sich ein Chef ausmalen, wie schlimm es erst
wird, wenn die Arbeiter einen richtigen Streik organi-
sieren. Der würde dann ja länger dauern. Dann stehen
die Maschinen still, und die Kunden werden sauer, weil
sie ihre Autos nicht bekommen.

Tim Geben die Chefs dann lieber nach?

TOM Nicht zwingend, aber meistens setzen sich bei einem
Warnstreik Vertreter der Arbeiter mit dem Chef zusammen und handeln etwas aus. Wenn alle damit zufrieden
sind, gehen auch alle wieder an die Arbeit. Aber wenn
sie sich nicht einigen können, kann es zu einem richtig
großen und langen Streik kommen.

Tim Danke, ich habe es verstanden. Übrigens, Tom – jetzt hast
du es mir ja doch erzählt und nicht gestreikt!

TOM Ja, das stimmt – aber ich habe auch keine ernsten Forde-
rungen an dich. Das habe ich ja gerne gemacht.

Tim In den Nachrichten ist doch oft von Afghanistan die Rede. Da passieren ja immer wieder Anschläge.

TOM Stimmt, Tim. Das ist schlimm.

Tim Und ihr redet davon, dass es immer mehr Opfer in der Zivilbevölkerung gibt. Was ist denn mit «Zivilbevölkerung» gemeint?

TOM Wir teilen das Wort am besten wieder in seine Bestandteile auf. Mit «Bevölkerung» sind zunächst mal alle Menschen gemeint, die in einem Land leben.

Tim Und was ist «Zivil»?

TOM Dieses Wort stammt wie so oft aus dem Lateinischen, und zwar von «civis» – zu Deutsch «Bürger» –, oder von «civilis» – zu Deutsch «bürgerlich».

Tim Ja, das hatten wir auch schon in Latein. Aber dann bedeutet Zivilbevölkerung ja: die bürgerliche Bevölkerung. Ist das nicht doppelt gemoppelt?

TOM Nein, ist es nicht. Mit Bevölkerung sind ja wirklich alle gemeint: Männer, Frauen, Kinder – egal wie alt und egal welcher Beruf. Das heißt, auch Soldaten gehören zur Bevölkerung. Wenn man aber von Zivilbevölkerung spricht, sind nur diejenigen gemeint, die keine Uniform tragen, keine Waffe und zu keiner Armee gehören. Sie tragen «zivile», also «bürgerliche» Kleidung und beteiligen sich nicht an Kämpfen.

Tim Aber wie kann sich die Zivilbevölkerung dann in einem Krieg schützen?

TOM Rein rechtlich ist die Zivilbevölkerung geschützt, und zwar durch eine Art Vertrag – das «Genfer Abkommen» oder die «Genfer Konvention». Dieser Vertrag wurde 1949 von sehr vielen Ländern unterschrieben.

Tim Was steht da drin?

Tom Da steht drin, dass im Krieg die Wehrlosen geschützt
und geschont werden müssen. Die ganz normalen
Menschen dürfen nicht angegriffen werden. Und es
geht noch darüber hinaus: Die Soldaten der feindlichen
Armee müssen sogar – wenn sie das Land erobert haben
– die Zivilbevölkerung mit Lebensmitteln versorgen und
sich um elternlose Kinder kümmern.

Tim Halten sich die Länder daran?

Tom Weißt du, Tim, die Länder haben zwar freiwillig diese
Genfer Konvention unterschrieben, aber es gab noch
nie einen Krieg, in dem die Zivilbevölkerung nicht auf
irgendeine Art und Weise zu Schaden gekommen ist.
Krieg bedeutet Kampf und Gewalt, selbst wenn manche
das schönreden wollen und sagen, dass nur Soldaten gegeneinander kämpfen und die Zivilbevölkerung rausge-
halten wird. Krieg ist nichts, was sich nur weit draußen
auf dem freien Feld abspielt – so wie irgendwo auf einem
Fußballplatz. Die Auswirkungen bekommen immer die
Menschen in dem jeweiligen Land zu spüren.

Tim Und so ist das wohl auch in Afghanistan? Ich hoffe, dass
wenigstens den Kindern dort nichts passiert.

Die Tagesschau erklärt die Welt
Das Wissensbuch
Lebendig geschrieben und leicht lesbar erklärt dieses Wissensbuch Begriffe und Zusammenhänge unserer Gegenwart.
«Ein unterhaltsames Buch für alle, die die Welt endlich verstehen wollen»
Tom Buhrow
rororo 62147

Die Welt ist rund und kunterbunt

Aiman Abdallah
Physik fängt unter der Dusche an
Den Alltag entdecken mit Galileo
Aiman Abdallah begleitet uns durch einen gewöhnlichen Tag, vom Aufstehen bis zum Schlafengehen, und erklärt uns die naturwissenschaftlichen Phänomene des Alltags, die wir für so selbstverständlich halten, dass wir sie kaum wahrnehmen.
rororo 62258

Dirk Steffens: Tierisch!
Expeditionen an den Rand der Schöpfung
Am Rand der Schöpfung ist jede Menge los: Furzende Seekühe, picklige Mondfische, nette Vampire und bedröhnte Koalas – das Tierreich steckt voller Überraschungen. Dirk Steffens erzählt von erstaunlichen biologischen Erkenntnissen, seltsamen Wissenschaftlern und dem manchmal kuriosen Miteinander von Mensch und Tier.
rororo 62308

Weitere Informationen in der Rowohlt Revue *oder unter* www.rororo.de

Dietrich Grönemeyer
Der kleine Medicus

Dieses Buch erzählt die Geschichte einer abenteuerlichen Reise durch die phantastische Welt des menschlichen Körpers, ohne dabei die Seele zu vergessen. Kompaktes Wissen, spannend aufbereitet, eine faszinierende Lektüre für Jung und Alt.

rororo 62074

Die fröhliche Wissenschaft
Edutainment für Jung und Alt

Wigald Boning / Barbara Eligmann
clever! Das Wissensbuch

Kann man ein Glas wirklich «zersingen»? Warum ist Gähnen ansteckend? Warum fressen Krokodile Steine? Wigald Boning und Barbara Eligmann klären mit viel Sachverstand und Humor diese und andere Alltagsphänomene.

rororo 62150

clever! Das Wissensbuch 2

Neue spannende und unterhaltsame Experimente zum Nachlesen und Mitraten: Kraulen oder Brustschwimmen – was bringt einen im Weltall schneller voran? Warum explodieren tiefgekühlte Flaschen, kurz nachdem man sie ins Warme geholt hat? Wie entfernt man Kaugummis aus dem Haar? Und vieles mehr.

rororo 62270

S 78/1

Weitere Informationen in der Rowohlt Revue *oder unter* www.rororo.de